Inga Schiffler
Das Prüfen auf dem Prüfstand

Bettina M. Bock / Ulla Fix / Nathalie Mälzer (Hg.)
Kommunikation – Partizipation – Inklusion
Band 8

Inga Schiffler

Das Prüfen auf dem Prüfstand

Die Rolle der Moderatorinnen beim Prüfen von Texten in Leichter Sprache

Frank & Timme
Verlag für wissenschaftliche Literatur

ISBN 978-3-7329-0888-2
ISBN E-Book 978-3-7329-9100-6
ISSN 2509-3215

Herstellung durch Frank & Timme GmbH,
Wittelsbacherstraße 27a, 10707 Berlin.
Printed in Germany.
Gedruckt auf säurefreiem, alterungsbeständigem Papier.

www.frank-timme.de

Inhaltsverzeichnis

Vorwort

Als Übersetzerin für Leichte Sprache moderiere ich regelmäßig verschiedene Prüfgruppen. Dabei stelle ich immer wieder fest, wie viel Verantwortung mit der Moderation der Prüfung verbunden ist. Es gibt zwar bereits einige Ansätze und Maßnahmen, um Prüferinnen zu schulen. Für die Tätigkeit des Moderierens aber gab und gibt es bisher kaum konkrete Empfehlungen, es fehlt sogar ein Konsens zur Best-Practice. Dies brachte mich dazu, ein Kompetenzmodell für die Arbeit mit Prüfgruppen bzw. Einzelprüferinnen zu entwickeln. Das Modell beruht auf einer empirischen Untersuchung in Form einer Befragung von 22 Prüfmoderatorinnen aus ganz Deutschland.

Ohne die Teilnehmerinnen wäre dieses Buch nicht möglich gewesen. Ich bin ihnen daher sehr dankbar für die Zeit, die sie sich genommen haben. Viele der offenen Fragestellungen wurden sehr ausführlich beantwortet. Das zeigt deutlich, dass nicht nur in der Wissenschaft, sondern auch bei den Moderatorinnen selbst ein großes Interesse daran besteht, neue Erkenntnisse zu generieren.

Dieses Buch ist eine Erweiterung meiner Masterarbeit, die ich im Rahmen des Masters Translation an der Johannes Gutenberg-Universität Mainz verfasste. Silvia Hansen-Schirra betreute die Arbeit.

Heute bin ich freiberufliche Dolmetscherin, Übersetzerin und Trainerin für Leichte Sprache sowie wissenschaftliche Mitarbeiterin im Forschungsprojekt *LeiSA-parti* (kurz für „Leichte Sprache im Arbeitsleben – partizipativ“) unter Leitung von Bettina M. Bock. Zur Leichten Sprache bin ich über mein Masterstudium gekommen. Zuvor absolvierte ich eine Fachausbildung zur Dolmetscherin in spanischer Gebärdensprache sowie einen Bachelor in Übersetzen und Dolmetschen in Salamanca.

1 Einleitung

Nichts ist einfacher, als sich schwierig auszudrücken,
und nichts ist schwieriger, als sich einfach auszudrücken.
Karl Heinrich Waggerl

Der Paradigmenwechsel in der Behindertenrechtspolitik, eingeleitet durch die Verabschiedung der UN-Behindertenrechtskonvention 2009, nimmt die Gesellschaft insgesamt in die Verantwortung. Denn seitdem ist klar: Teilhabe ist ein Menschenrecht, und um dieses sicherzustellen, müssen bestehende Barrieren abgebaut werden. Barrieren sind vielfältig: Sie können physisch bedingt sein (Treppen für Rollstuhlfahrerinnen, Lautsprecherdurchsagen für Hörgeschädigte, Lichtsignale für Sehgeschädigte …), aber auch sprachlich. Dies betrifft z. B. Informationen, die so ausgedrückt sind, dass einige Menschen sie nicht verstehen können. Seit 2016 erkennt das Behindertengleichstellungsgesetz (BGG) die Leichte Sprache (LS) als Mittel zur sprachlichen Barrierefreiheit an. Es verpflichtet die Träger der öffentlichen Gewalt, vor allem die Verwaltungsbehörden, ihre Informationen leichtverständlich abzufassen und zu erläutern, wenn dies gegenüber Menschen mit Einschränkungen geboten ist. Das Gesetz bestimmt, dass Kompetenzen für das Verfassen von Texten in LS auf- und ausgebaut werden sollen.

Für die meisten Büros für LS bedeutet das beschriebene Partizipationsgebot unter anderem, dass Menschen mit Behinderung am Entstehungsprozess der Texte beteiligt sind. Dies gilt insbesondere für Büros, die sich an eine gemeinnützige Organisation der Behindertenhilfe angliedern. Eine Möglichkeit hierfür ist, Texte in LS von Menschen mit Lernschwierigkeiten auf ihre Verständlichkeit prüfen zu lassen. Diese Prüfung hat somit zwei Ziele: Sie dient der Qualitätssicherung und der Umsetzung des Inklusionsgedankens.

Andere Anbieterinnen wie die Büros, die zum österreichischen Franchiseunternehmen für Leicht Lesen, *capito,* gehören, weiten die Zielgruppenprüfung auch auf Adressaten wie Menschen mit Deutsch als Fremdsprache oder Demenzkranke aus: Je nach Adressatenschaft des einzelnen Textes prüft die entsprechende Prüfgruppe. Darüber hinaus gibt es auch das Konzept einer sprachwissenschaftlich begründeten Prüfung, angeboten von der Forschungsstelle Leichte Sprache der Universität Hildesheim, sowie den Ansatz der Johannes Gutenberg-Universität Mainz, die Verständlichkeit der übersetzten Texte durch empirische Forschung sicherzustellen.

Diese Untersuchung konzentriert sich aber auf die am häufigsten angewandte Prüfung durch Menschen mit Lernschwierigkeiten, ein Feld, das bislang kaum untersucht worden ist. Trotz einiger Schulungsangebote für Prüferinnen gibt es bislang keine allgemeingültigen Empfehlungen, wie genau geprüft werden sollte. Auch wurde bisher nicht beleuchtet, wie die verschiedenen Anbieterinnen im deutschsprachigen Raum prüfen. Daher ist anzunehmen, dass auf dem Markt unterschiedliche Verfahren zur Anwendung kommen, was bspw. die Dauer der Prüfsitzungen, die Art der Fragestellungen, der Lösungsfindung oder der Ergebnissicherung betrifft.

Die Prüfsitzungen werden von einer Person ohne Lernschwierigkeiten begleitet, die in dieser Studie – in Anlehnung an die Begriffsverwendung bei capito – als Moderatorin bezeichnet wird. Sie kennt den Ausgangstext, stellt Fragen zum Text und hält Ergebnisse schriftlich fest. Oft ist sie es auch, die die Ergebnisse in den Text einarbeitet und ihn so korrigiert. Es kann in großem Maße von den Fragestellungen und Vorschlägen der Moderatorin beeinflusst werden, wie stark der Text durch das Prüfen vereinfacht wird. Obgleich sie somit eine entscheidende Rolle im Prüfprozess spielt, liegen zurzeit keine Erkenntnisse vor, welchen Anforderungen und Kriterien eine gute Moderatorin genügen soll. Es ist anzunehmen, dass sich auch die Vorbereitung der Moderatorinnen auf ihre Tätigkeit unterschiedlich gestaltet.

All diesen Aspekten wurde durch eine Befragung unter 22 Prüfmoderatorinnen nachgegangen. Aus der Perspektive der Moderatorinnen wurden zunächst Unterschiede im Prüfprozess (Setting und Organisation sowie Moderations- und Prüftechniken) erfragt. In einem zweiten Block lag der Fokus dann auf dem Profil der Moderatorinnen und ihrer Rolle in den Prüfsitzungen. Dabei wurden Fragen untersucht wie, über welche Kenntnisse und Fähigkeiten die Moderatorin verfügen sollte, ob sie auf ihre anspruchsvolle Tätigkeit vorbereitet wurde und wenn ja, wie oder welchen Nutzen sie selbst aus dem Prüfen zieht. Die erhobenen Daten sind ein erster Schritt hin zu mehr Transparenz hinsichtlich des Prüfprozesses und den Anforderungen an die Moderatorinnen. Es wird erörtert, ob große Unterschiede unter den Befragten die Erarbeitung einheitlicher Qualitätsstandards oder Schulungen sinnvoll erscheinen lassen und wie diese konkret aussehen könnten.

2 Kurzeinführung: Leichte Sprache

Leichte Sprache (LS) ist eine aus der Praxis entstandene, sprachlich und inhaltlich vereinfachte „Varietät des Deutschen“ (Maaß, Leichte Sprache: Das Regelbuch, 2015, S. 11). Nonverbale Mittel wie Bilder oder Lesehilfen wie größere Schrift und größere Zeilenabstände unterstützen ihr Verständnis zusätzlich. Die Übertragung in diese Varietät kann als intralinguale Übersetzung bezeichnet werden, da Zeichen einer Sprache (die deutsche Standardsprache) in andere Zeichen derselben Sprache (die Varietät der LS) übertragen werden. Diese Bezeichnung geht zurück auf Roman Jakobson (1959), der zwischen drei Arten der Übersetzung unterscheidet:

> 1) Intralingual translation or *rewording* is an interpretation of verbal signs by means of other signs of the same language.
> 2) Interlingual translation or *translation proper* is an interpretation of verbal signs by means of some other language.
> 3) Intersemiotic translation or *transmutation* is an interpretation of verbal signs by means of signs of nonverbal sign systems.
> (Jakobson, 1959, S. 233)

Bilder sind gemäß den bestehenden Regelwerken ein untrennbarer Teil der LS. Daher kann der voranstehenden Definition entsprechend die Übertragung in LS nicht nur als *intralinguale,* sondern auch als *intersemiotische* Übersetzung eingeordnet werden.

Das Ziel der LS ist, Menschen mit Lernschwierigkeiten Zugang zu Informationen zu verschaffen. LS ist damit ein Mittel zu mehr Barrierefreiheit; so ist es seit 2016 auch in § 11 des BGG verankert. Abgesehen von den Menschen mit Lernschwierigkeiten werden zu den Rezipientinnen noch weitere, sekundäre Zielgruppen wie Menschen mit Migrationshintergrund und geringen Deutschkenntnissen oder funktionale Analphabeten gezählt. Im Abschnitt 2.2 gehe ich genauer auf die einzelnen Rezipientinnen ein.

Neben der Leichten Sprache existieren in Deutschland weitere Konzepte der sprachlichen Vereinfachung wie die einfache und die bürgernahe Sprache. Erstere wird meist in Abgrenzung zur LS definiert. So schreibt Gudrun Kellermann:

> Anders als bei der Leichten Sprache gibt es für die Einfache Sprache kein Regelwerk. Sie ist durch einen komplexeren Sprachstil gekennzeichnet. Die Sätze sind länger, Nebensätze sind zulässig und sämtliche im Alltag gebräuchlichen Begriffe werden als bekannt vorausgesetzt. Fremdwörter sollten allerdings auch hier nach Möglichkeit vermieden werden, ansonsten sind sie zu erklären. Nach Satzzeichen und Satzabschnitten muss nicht zwingend ein Absatz folgen, solange der Text überschaubar bleibt. Auch das optische Erscheinungsbild von Schrift und Bild ist weniger streng geregelt (2014, S. 7)

Kellermann betitelt ihren Artikel treffend als „Versuch einer Definition" (ebd.), denn Ursula Bredel und Christiane Maaß urteilen: „Eine klare Definition über die erlaubten Strukturen hat sich jedoch nach derzeitigem Forschungsstand noch nicht gebildet." (2016, S. 526–542)

Im Gegensatz dazu ist die sogenannte bürgernahe Sprache sehr viel älter und auch besser erforscht als die beiden anderen Konzepte des „verständlichen und verständlich machenden Sprachgebrauchs" (Bock, 2014, S. 22). Sie beschränkt sich auf die Bereiche Verwaltung, Recht und Politik und richtet sich, anders als die einfache und die Leichte Sprache, nicht an eine spezifische Zielgruppe (vgl. ebd.). Meist handelt es sich um Texte, mit denen sich eine Expertin (bspw. eine Verwaltungsmitarbeiterin) an eine Laiin (eine Bürgerin ohne besondere kommunikative Bedürfnisse) richtet. Gerade für Verwaltungsmitarbeiterinnen gibt es daher „eine Vielzahl von Ratgebern, Regellisten und Empfehlungen für die Praxis" (ebd., S. 23).

Für die wichtigsten Praxisvertreterinnen der LS wie *Inclusion Europe* oder das *Netzwerk Leichte Sprache* sind Menschen mit Lernschwierigkeiten die primäre Zielgruppe der LS. So schreibt das Netzwerk Leichte Sprache auf seiner Homepage: „Leichte Sprache ist vor allem für Menschen mit Lern-Schwierigkeiten" (2018). Dies erklärt sich mit den Ursprüngen der LS in der Selbstbestimmungsbewegung von Menschen mit Lernschwierigkeiten. Aus demselben Grund entstehen viele Texte zu Themenfeldern, die für diese Zielgruppe relevant sind. Darüber hinaus werden oft noch weitere, sekundäre Zielgruppen genannt, so auch im Regelwerk des Netzwerks Leichte Sprache. Demnach „helfe“ LS vielen Menschen, z. B. Menschen mit Demenz, „Menschen, die nicht so gut Deutsch sprechen“ (Netzwerk Leichte Sprache, Die Regeln für Leichte Sprache, 2013) – also Menschen mit einer anderen Muttersprache und geringen Deutschkenntnissen – sowie funktionalen Analphabeten.

Die Definition primärer und sekundärer Zielgruppen der LS der Forschungsstelle Leichte Sprache der Universität Hildesheim unterscheidet sich von dem zuvor vorgestellten Verständnis. Die primäre Zielgruppe[1] sei zwar „im engeren Sinne“ (Bredel & Maaß, 2016, S. 140) die der „Personen mit einer Behinderung“ (ebd.), die gemäß der Barrierefrei-Informationstechnik-Verordnung 2.0 einen Rechtsanspruch auf Texte in LS haben. Darüber hinaus gehörten aber auch „all diejenigen Menschen, denen standardsprachliche oder fachsprachliche Texte Probleme bereiten“ (Maaß, 2015, S. 14) zur primären Zielgruppe. Das bedeutet, dass die vom Netzwerk als sekundäre Zielgruppen eingestuften Rezipientinnen hiernach zur primären Zielgruppe gezählt werden. Zur sekundären Zielgruppe hingegen erklären Bredel und Maaß „diejenigen Personen, die mit einem Leichte-Sprache-Angebot konfrontiert werden, obwohl sie eigentlich Zugriff auf allgemein- und in variablem Ausmaß auch auf fachsprachliche Texte haben“ (Bredel & Maaß, 2016, S. 172). Die sekundäre Zielgruppe bildeten also Menschen, die nur in Ausnahmefällen zu Rezipientinnen werden und zwar aus Gründen wie fehlenden Alternativtexten, Zeitersparnis, sehr komplexen Themenbereichen oder geringen Lesefähigkeiten – dieses Motiv wird wörtlich als „Nähe zu einer primären Adressatengruppe“ (ebd., S. 174) bezeichnet.

Im Regelbuch von 2015 beschreibt Maaß die Adressatinnen „im engeren Sinne“ noch als „Menschen mit einer kognitiven oder sensorischen Beeinträchtigung“ (Maaß, 2015, S. 15), wobei mit „sensorischer Beeinträchtigung“

1 Oder auch „ursprüngliche Zielgruppe“, Bezeichnung, die von Maaß bspw. auf der 6. Fachkonferenz Sprache und Recht, organisiert vom Bundesverband der Dolmetscher und Übersetzer e. V. (BDÜ), verwendet wurde.

Menschen mit prälingualer Taubheit gemeint sind (vgl. z. B. Maaß, Rink & Zehrer, 2014, S. 58). Aus diesem Grund orientiert sich die Forschungsstelle in Forschung und Übersetzung explizit an den Bedürfnissen dieser Leserinnen (vgl. ebd.; Rink, 2014, S. 11) und arbeitet mit einer Prüfgruppe, die sich aus prälingual tauben Prüferinnen zusammensetzt (Maaß, 2015, S. 4). Zur Begründung wird angeführt, dass 98 Prozent der gehörlosen Kinder hörende Eltern haben, die „oftmals nicht oder nur begrenzt mit der deutschen Gebärdensprache (DGS) vertraut sind" (Rink, 2014, S. 11), weshalb es den prälingual tauben Kindern und ihren Eltern an einem gemeinsamen Kommunikationssystem fehle. Der dadurch stark eingeschränkte frühkindliche Spracherwerb führe zu großen Problemen, die deutsche Lautsprache zu verstehen (und zwar nicht nur mündlich, sondern auch schriftlich)[2].

Ob nun als primäre oder sekundäre Zielgruppen definiert, zusammenfassend kann gesagt werden, dass es sich bei der Adressatenschaft um eine sehr heterogene Gruppe von Menschen mit unterschiedlichen kognitiven Voraussetzungen und Verständnisschwierigkeiten handelt. Aus diesem Grund wird in der Wissenschaft mehr und mehr angezweifelt, ob die verschiedenen Anforderungen wirklich von derselben Sprachvarietät abgedeckt werden können (vgl. Bock, 2014, S. 20; Lasch, 2017, S. 297).

Im Folgenden soll auf die verschiedenen Bezeichnungen der – gemäß der Praxisvertreterinnen wie dem Netzwerk Leichte Sprache oder *Mensch zuerst Netzwerk People First Deutschland e. V.* – primären Zielgruppe der LS eingegangen werden und erörtert werden, weshalb diese hier als „Menschen mit Lernschwierigkeiten" betitelt werden. Alternative Begriffe für die Zielgruppe sind „Menschen mit kognitiver/intellektueller Beeinträchtigung" oder „Menschen mit geistiger Behinderung", teilweise auch nur „Menschen mit Behinderung"[3].

2 Genau genommen können noch viele weitere Faktoren die Lesekompetenz eines tauben Menschen beeinflussen – wie die Gebärdensprache-Kenntnisse der Eltern oder andere Lebensumstände, dem Hörstatus und die Art der Versorgung. Präziser wäre deshalb, von prälingual Tauben mit geringen Lautsprachkenntnissen zu sprechen.

3 Dies macht insofern Sinn, als dass viele der mit diesen Begriffen bezeichneten Menschen auch von einer Körper- oder Sinnesbehinderung betroffen sind, ein Aspekt, der bei Texten in LS mitzubedenken ist. Er kann zu Fragen führen wie: Bleibt der (gedruckte) Text offen liegen, wenn ich keine Hand zur Verfügung habe, um ihn zu halten? Sind die farblichen Kontraste stark genug?

All diese Begriffe haben gemäß Bettina M. Bock, Daisy Lange und Ulla Fix „Vor- und Nachteile und sind mit bestimmten konzeptuellen Setzungen verbunden" (2017, S. 15).

„Menschen mit Lernschwierigkeiten" ist der Begriff, den sich Betroffene wünschen, da sie „‚geistig behindert' mehrheitlich als diskriminierend" (Klauß, 2008, S. 196) empfänden. Aus diesem Grund ist diese Bezeichnung auch in der Praxis der LS üblich. Dem gegenüber monieren Bredel und Maaß, dass die Bezeichnung Menschen mit Lernschwierigkeiten in Deutschland „als Oberbegriff für die beiden Konzepte der ‚Lernstörung' und der ‚Lernbehinderung'" (2016, S. 248) verwendet werde. Besagte Unterkategorien verschwömmen zwar immer mehr, bezeichneten aber grob gesagt Schülerinnen mit einem IQ über 70, die in verschiedenem Maße „Lernbeeinträchtigungen" aufwiesen. Hierbei orientieren sich Bredel und Maaß an der „Klassifikation der Lernschwierigkeiten" von Ulrich Heimlich (2009). Dies bedeute, dass der Begriff Menschen mit Lernschwierigkeiten bereits besetzt sei und deshalb nicht für Menschen mit einer (sog.) geistigen Behinderung verwendet werden könne.

Allerdings ist laut Bock zum einen die „Definition von geistiger Behinderung über IQ-Schwellenwerte [...] in der sonderpädagogischen Forschung nicht mehr anerkannt" (2015, S. 80). Zum anderen stammt Heimlichs Einteilung eben aus der Sonderpädagogik und nicht aus der Selbstbestimmungsbewegung derjenigen, die sich seit den 1990er Jahren für ein Recht auf Texte in LS einsetzen. Bock schlussfolgert deshalb: „Für den Bereich ‚Leichte Sprache' kann mehrheitlich festgehalten werden, dass die Referenz des Ausdrucks Menschen mit Lernschwierigkeiten zumindest derzeit vergleichsweise klar auf Menschen mit (sog.) geistiger Behinderung verweist" (2017, S. 16). Hiergegen könnte argumentiert werden, die „interdisziplinäre Kommunikation werde erschwert" (Klauß, 2008, S. 198) durch die Verwendung des Begriffs „Menschen mit Lernschwierigkeiten". Da sich diese Studie aber mit dem Phänomen der LS selbst beschäftigt, ist er hier eindeutig.

Ein anderes Gegenargument lautet, dass auch der Begriff „Menschen mit Lernschwierigkeiten" „vermutlich bald einen ebenso stigmatisierenden Charakter wie der bisherige" (ebd., S. 198) erlangt, wenn sich das Grundproblem der fehlenden gesellschaftlichen Akzeptanz gegenüber den Betroffenen nicht ändert. Bredel und Maaß haben ähnliche Bedenken. Sie erkennen zwar an, dass

„geistig behindert" eine herabwürdigende Reduzierung auf ein Defizit mit sich bringt, gleichzeitig sehen sie aber die Verwendung von „Euphemismen" wie „Menschen mit Lernschwierigkeiten" kritisch:

> Eine befriedigende Lösung für dieses Dilemma [das der Stigmatisierung, I.S.] ist jedoch noch nicht gefunden; sie kann auch mit großer Wahrscheinlichkeit immer nur temporärer Art sein, da Euphemismen die Tendenz zur Bedeutungsverschlechterung haben: sie nehmen die negativen Konnotationen der Begriffe, die sie ersetzen, mit der Zeit auf [...] Die Tendenz, Behinderung, insbesondere geistige, mit Euphemismen zu belegen, ist nicht neu und findet sich sprachübergreifend. So wurde der Grad der geistigen Behinderung früher unterteilt in Debilität (IQ zwischen 50 und 69), Imbezillität (IQ von 20–49) und Idiotie (IQ unter 20) (2016, S. 147)

Niemand wird heute noch dafür plädieren, statt von „geistiger Behinderung" wieder von Debilität, Imbezillität oder Idiotie zu sprechen. Aber nicht nur die Sensibilität gegenüber der Benutzung diskrimierender Bezeichnungen hat sich verändert, sondern auch das Empfinden dafür, was politisch korrekt und nicht diskriminierend ist. Vermutlich wird der Begriff „geistige Behinderung" in vielen Kontexten (noch) gar nicht als diskriminerend empfunden. Wenn aber eine Gruppe selbst sich für das Ersetzen einer Bezeichnung starkmacht und auch eine konkrete Alternative anführt, dann sollte dies ein ausschlaggebendes Kriterium sein. Aus diesen Gründen wird in dieser Untersuchung die Bezeichnung „Menschen mit Lernschwierigkeiten" verwendet.

3 Qualitätssicherung durch Prüfen

Übersetzungen in LS werden üblicherweise einer Revision durch Menschen mit Lernschwierigkeiten unterzogen, die als „Prüferinnen“ bezeichnet werden[4]. Die Prüfung beschränkt sich nicht nur auf den Text, sondern bezieht auch Bild und Layout mit ein. Diese Arbeitsform soll sicherstellen, dass Menschen mit Lernschwierigkeiten die Texte auch wirklich verstehen.

Für Inclusion Europe und das Netzwerk Leichte Sprache ist das Prüfen durch Menschen mit Lernschwierigkeiten dem Inklusionsgedanken entsprechend ein untrennbarer Teil von LS. So heißt es im Regelwerk des Netzwerks: „Prüfen gehört zur Leichten Sprache“ (Netzwerk Leichte Sprache, 2014, S. 21). Auch in den Inclusion-Europe-Regeln wird formuliert: „Beziehen Sie immer Menschen mit Lernschwierigkeiten ein, wenn Sie Informationen schreiben“ (Inclusion Europe, 2009)[5]. Verschiedene Mitglieder des Netzwerks Leichte Sprache führten 2017 in dem Heft *Wir sind Prüfer und Prüferinnen für Leichte Sprache* weiter aus, warum Prüfen notwendig sei:

> Die Übersetzer kennen die Regeln von der Leichten Sprache.
> Und Sie wissen etwas über Menschen mit Lern-Schwierigkeiten.
> Deshalb können sie die schwere Sprache in Leichte Sprache übersetzen.
> Die Übersetzer wissen aber **nicht** genau:

---

4 Wie in der Einleitung dargelegt, stellt capito eine Ausnahme dar: Dem capito-Qualitätsstandard entsprechende Texte werden von der jeweiligen Zielgruppe geprüft. Zu den definierten Zielgruppen gehören nicht nur Menschen mit Lernschwierigkeiten, sondern auch Menschen mit sensorischen Behinderungen (Sehen oder Hören), mit einer motorischen Behinderung, mit nicht-deutscher Erstsprache oder mit niedriger Schulbildung (vgl. http://www.capito.eu/de/Ueber_uns/capito_Qualitaets-Standard/).

5 Daher ist das Prüfen der Texte auch eine der Bedingungen für die Verwendung des Logos von Inclusion Europe. Das wohl bekannteste Logo für LS sieht so aus:

> Können Menschen mit Lern-Schwierigkeiten den Text gut verstehen?
> Das können nur Menschen mit Lern-Schwierigkeiten selbst sagen.
> (Netzwerk Leichte Sprache, 2017, S. 7, Hervorh. im Original)

Wie das Phänomen LS an sich, so ist auch das Prüfen aus der Praxis entstanden. Es finden sich kaum mehr als sehr allgemeine Empfehlungen für den Prüfprozess. Eine der wenigen Anweisungen geben die Europäischen Richtlinien der ILSMH. Hier wird aufgeführt, dass Übersetzungen zweimal geprüft werden sollten: einmal vor der Einarbeitung der Korrekturen und einmal zur späteren Überprüfung:

> Wenden Sie sich nochmals an Ihre Lesergruppe, nachdem Sie die Änderungen vorgenommen haben und diskutieren Sie mit ihnen [sic!] den neuen Entwurf (einschließlich der Illustrationen etc.). Wenn die Leser den Text noch immer nicht verstehen oder unzufrieden sind, ändern Sie Ihn noch einmal. Diskutieren Sie ihn mit den Betroffenen so oft, wie es nötig ist. (1998, S. 15)

Es wird aber nicht genau ausgeführt, wie die Überprüfungen vorgenommen werden sollen. Auch im Abschnitt zum Prüfen im Regelwerk des Netzwerks Leichte Sprache findet sich an die Verfasserinnen von LS-Texten gerichtet nur der allgemeine Ratschlag, Texte, die sich an Menschen mit Lernschwierigkeiten richten, von diesen prüfen zu lassen[6]. In einem zweiten Teil folgen zwar konkretere Hinweise, diese richten sich aber an Prüferinnen und nicht an die Moderatorin. Konkret heißt es bspw.: „Seien Sie mutig […] Sie dürfen eine Vorlese-Hilfe benutzen […] Zeigen Sie oder sagen Sie: Das haben Sie verstanden. Das haben Sie nicht verstanden […] Antworten Sie auf Fragen zum Text" (Netzwerk Leichte Sprache, Die Regeln für Leichte Sprache, 2013). Auf der Seite von Inclusion Europe heißt es sogar nur: „Mindestens eine Person mit geistiger Behinderung muss das Dokument gelesen haben, um zu prüfen, ob es leicht zu lesen und zu verstehen ist" (Inclusion Europe, easy-to-read, 2016).

6 Offen bleibt, was Verfasserinnen mit Texten machen sollen, die sich an andere Zielgruppen richten – bspw. eine Hausordnung für eine Unterkunft für Geflüchtete.

Einen Ansatz detaillierterer Empfehlungen für den Prüfprozess wurde 2012 im Rahmen einer dreitätigen Schulung für Prüferinnen, organisiert von der *Interessenvertretung Selbstbestimmt Leben Deutschland e. V. – ISL* und von *Mensch zuerst – Netzwerk People First Deutschland e. V.*, erarbeitet: Der in LS verfasste 16-seitige Lehrplan gibt viele konkrete Empfehlungen, die sich allerdings auf nicht weiter ausgeführte Stichpunkte beschränken (dies hängt fraglos auch damit zusammen, dass Informationen in LS oft komprimiert werden, um den Bedürfnissen einer Adressatenschaft mit kürzerer Aufmerksamkeitsspanne bzw. geringerer Lesekompetenz gerecht zu werden). So wird zum Abschnitt „Abwechslung" ausgeführt:

> → Nicht immer das Gleiche machen:
> Verschiedene Methoden benutzen.
> • Sachen malen und schreiben.
> • Rollen-Spiele.
> • Klein-Gruppen
> (ISL & Mensch zuerst – Netzwerk People First Deutschland e. V., 2012, S. 11).

Offen bleibt hier bspw., wann und mit welchen Absichten die verschiedenen Methoden variiert werden sollen: während einer Sitzung in Momenten abfallender Konzentration, bei besonders komplexen Themen, tageweise zur Vermeidung übermäßiger Routine … Es wird auch nicht deutlich, inwiefern Abwechslung durch Kleingruppen erreicht werden soll (denkbar wäre, dass eine größere Gruppe aufgeteilt werden soll).

Unter der Überschrift „Methoden" wird ausdrücklich empfohlen, verschiedene Arten des Prüfens auszuprobieren. Als Möglichkeiten werden aufgezählt:

- mit Papier und Stiften
- am Computer
- mit Klebe-Punkten
- alleine prüfen:
  Eine Person liest den Text.
  Sie streicht die schweren Wörter an.

- In der Gruppe prüfen:
  Eine Person liest den Text vor.
  Die anderen hören zu.
  Alle sprechen zusammen über den Text.
  (ebd., S. 12)

Die Frage ist in diesem Zusammenhang, ob es eine Alternative zum Weg des Ausprobierens und Learning-by-Doing gibt und wie sich diesem angenähert werden kann.

Auch die Bundesvereinigung der Lebenshilfe hat die Notwendigkeit eines wissenschaftlich fundierten Leitfadens gesehen. Daher beauftragte sie Mitarbeiterinnen des partizipativen Forschungsprojekts der Universität Leipzig *LeiSA* (kurz für „Leichte Sprache im Arbeitsleben") damit, die Prüfpraxis in zwei Teilstudien zu erforschen: Zum einen im Rahmen einer sprachwissenschaftlichen und zum anderen durch eine sozialwissenschaftliche Untersuchung. Die Ergebnisse wurden im November 2018 und im Februar 2019 in der Fachzeitschrift „Teilhabe" veröffentlicht.

So sucht Janine Kaczmarzik in der sprachwissenschaftlichen Teilstudie nach Wegen, wie Moderatorinnen mit typischen Problemen in Zusammenhang mit den Aussagen der Prüferinnen umgehen können. Laut Kaczmarzik kann es zu vier grundsätzlichen Problemtypen kommen (2019, S. 14–16):

Problemtyp I: Informationen fehlen
Problemtyp II: Informationen haben keinen Textbezug
Problemtyp III: Informationen sind ungenau
Problemtyp IV: Informationen sind falsch
(ebd., S. 11)

Ideal für das Ziel, Verständnisprobleme in einem Text zu finden, sei eine Antwort, die „weder auf Vorwissen basiert, noch ein mutmaßlich unreflektiertes Textzitat darstellt" (ebd., S. 13). Allgemein gesprochen empfiehlt Kaczmarzik Moderatorinnen, zwei ‚Grundprinzipien' zu befolgen:

1. „Lass Prüfer(innen) ihre Gedanken so eigenständig wie möglich formulieren." (Prinzip der maximalen Selbstständigkeit)
2. „Verweise regelmäßig auf den Text zurück, insbesondere dann, wenn Prüfer(innen) den Textbezug verlieren." (Prinzip des optimalen Textbezugs) (ebd., S. 13)

Darüber hinaus erörtert Kaczmarzik für die einzelnen Problemtypen mögliche Antworten und schlägt jeweils die entsprechende Lösungsstrategie vor.

Soweit der Stand zur Literatur zum Prüfprozess innerhalb Deutschlands. In Spanien allerdings veröffentlichte der Verbund *Plena Inclusión Madrid,* zu dem über 900 spanische Verbände und Vereine für Menschen mit Lernschwierigkeiten gehören, im September 2018 eine Handreichung zum Prüfen von Texten in Leichter Sprache. Der Titel lautet „Prüfung von Texten in *lectura fácil.* Praktische und beruflich-soziale Aspekte"[7] (Plena Inclusión Madrid, 2018, S. 1, eigene Übersetzung). Ziel der Handreichung ist laut Vorwort die Systematisierung der Prozesse, die mit der Erstellung von Texten in *lectura fácil* verbunden sind. Das Werk basiere allein auf den praktischen Erfahrungen der Mitarbeitenden und sei daher als erster Schritt hin zu einer weiteren Standardisierung und Erforschung der Leichten-Sprache-Praxis gedacht (vgl. ebd., S. 8). Die Handreichung richtet sich an Moderatorinnen von Prüfprozessen, obgleich dies nicht ausdrücklich gesagt wird: Sie ist nicht in *lectura fácil* geschrieben und behandelt viele Aspekte, die nur für die Moderatorinnen relevant sind. Daher beinhaltet die Handreichung viele Hinweise, die auch für diese Untersuchung interessant sind. Zu nennen sind bspw. Techniken, um Dynamik und Interaktion innerhalb der Prüfgruppe zu fördern.

Konkret besteht die Handreichung aus zwei Teilen: Der erste betrifft „Praktische Aspekte des Prüfens" (ebd., S. 11, eigene Übersetzung) und macht ca. ⅔ des Texts aus, der zweite analysiert soziale und berufsspezifische Auswirkungen des Prüfprozesses für die Prüferinnen selbst sowie für die Gesellschaft als Ganzes. Im ersten Teil finden sich in den folgenden sechs Abschnitten viele praktische Tipps und Anweisungen:

7 im Original „Validación de textos en lectura fácil. Aspectos prácticos y sociolaborales".

1. Definition des Prüfvorgangs
2. Die Arbeitsprofile im Prüfprozess und die entsprechenden Kompetenzen
3. Benötigte Materialien und organisatorische Aspekte
4. Moderationstechniken[8]
5. Das Kommunizieren der Prüfergebnisse
6. Schwierigkeiten der Gruppensteuerung
   (ebd., S. 3, eigene Übersetzung)

Darüber hinaus wurde im September 2020 das Erasmus+-finanzierte Projekt *Train2Validate* initiiert. Unter den sechs Projektpartnerinnen finden sich neben Plena Inclusión Madrid zwei weitere gemeinnützige Organisationen sowie drei Universitäten – darunter das SDI München. Bis August 2023 sollen Lehrpläne zur Ausbildung von Prüferinnen und Prüfmoderatorinnen entwickelt und diese auch in eine Weiterbildung eingebunden werden. Um dieses Ziel zu erreichen, wurden bereits mittels eines Online-Fragebogen Daten zur Situation von Prüferinnen und Prüfmoderatorinnen in den verschiedenen Partnerländern erhoben (Plena Inclusión Madrid, train2validate, 2021). Die Ergebnisse wurden bislang allerdings nur mündlich vorgetragen.

In Deutschland gibt es innerhalb der LS-Landschaft auch kritische Stimmen zur Praxis des Prüfens durch Vertreterinnen der Hauptzielgruppe: Maaß und die Forschungsstelle Leichte Sprache der Universität Hildesheim vertreten die Ansicht, dass die Arbeit mit Prüfgruppen aus wissenschaftlicher Sicht aufgrund von deren Subjektivität „nicht konstitutiv sein" könne, also zumindest nicht die einzige Art der Qualitätskontrolle darstellen dürfe. Vielmehr müsse die Qualität von Texten in LS auf der Grundlage eines fundierten Regelkatalogs überprüft und sichergestellt werden (vgl. Bredel & Maaß, 2016, S. 107). So zumindest im Jahr 2016. Aus der Beschreibung eines über den Bundesverband der Dolmetscher und Übersetzer e. V. (BDÜ) organisierten Weiterbildungsangebot lässt sich schließen, dass auch die Forschungsstelle mittlerweile erkannt hat, dass sprachwissenschaftliche Regeln der Übersetzerin keine Hilfestellung bieten hinsichtlich der Frage, welche Inhalte von der

8 Im Original „Técnicas de dinamización".

Zielgruppe verstanden werden und welche erklärt werden müssen. Dies ist für die Wissenschaftlerinnen allerdings kein Argument für die Prüfpraxis. Stattdessen wird derzeit versucht, mittels gefilmter Interviews mit Vertreterinnen verschiedener Zielgruppen ein Gefühl für deren sprachliche Bedürfnisse zu vermitteln:

> Eine zentrale Frage für Übersetzer ist immer wieder, welche Begriffe in einem Text in Leichter Sprache erläutert werden müssen und welche als bekannt vorausgesetzt werden können. Mittels Videos, in denen Personen mit Kommunikationsbeeinträchtigungen sich mit Texten auseinandersetzen und ihren Bedarf erläutern, nähern wir uns einer Antwort auf diese Frage an (Maaß & Rink, Seminare: Leichte Sprache für Übersetzer Modul 2: ausgebucht. Modul 3 am 13.09. buchbar für Absolventen von Modul 1, 2019).

Auch an der Johannes Gutenberg-Universität Mainz wird die Ansicht vertreten, dass die empirische Rezeptionsforschung ein unabdingbarer Schritt zur Qualitätssicherung ist. In dieser Hinsicht stehen wir allerdings derzeit noch vor einer Forschungslücke.

Die Forschungsstelle Leichte Sprache bietet alternativ zum Prüfprozess mit Menschen mit Lernschwierigkeiten eine eigene Prüfung von Texten in LS an. Besteht ein Text die Prüfung, ist er berechtigt, das Siegel „Leichte Sprache wissenschaftlich geprüft“ zu tragen. Die Prüfung besteht laut eigener Website aus „zwei Stufen“ (Maaß & Forschungsstelle Leichte Sprache, Prüfsiegel Leichte Sprache, 2014). Die erste Stufe ist eine Überprüfung mithilfe der Verständlichkeitssoftware TextLab; die zweite besteht aus „linguistischen Analysen des Texts in Leichter Sprache sowie übersetzungswissenschaftlichen Analysen“ (ebd.). Bei diesen Analysen wird der Zieltext mit dem Ausgangstext verglichen. Faktisch sind damit weder Menschen mit Lernschwierigkeiten noch Vertreterinnen anderer Zielgruppen am Entstehungsprozess der einzelnen Texte beteiligt. Im Umkehrschluss bedeutet dies auch, dass die Prüferinnen der Forschungsstelle zumindest im Rahmen des Prüfprozesses keinen Kontakt zu den intendierten Adressatinnen von LS-Texten haben[9].

3.1 Moderation und Schulungen

Die Prüferinnen von LS werden bei Ihrer Arbeit von einer Moderatorin, also einer Person ohne Lernschwierigkeiten unterstützt. Diese stellt Fragen zum Text, notiert die Ergebnisse und arbeitet sie später in den Text ein. Manchmal machen Prüferinnen auch Verbesserungsvorschläge, die ebenfalls notiert werden. Viele Büros für LS und auch das Netzwerk Leichte Sprache bezeichnen die Moderatorin als *Prüfassistentin*. So heißt es im Info-Heft *Wir sind Prüfer und Prüferinnen für Leichte Sprache*: „Die Prüf-Assistenten oder Übersetzer können uns Fragen zum Text stellen. Sie können uns auch beim Lesen zuhören. Vielleicht ist ein Wort zu lang. Dann ist das Lesen schwer. Und die Prüf-Assistenten oder Übersetzer hören das beim Lesen" (Netzwerk Leichte Sprache, 2017, S. 8). Der Begriff „Assistenz" macht insofern Sinn, als er unterstreicht, dass die Moderatorin nur Mittel zum Zweck (Verständnisprobleme finden), die Ausschlaggebenden jedoch die Prüferinnen sind. Er wird m. E. allerdings der Verantwortung und dem Einfluss der Moderatorin auf das Prüfverfahren nicht gerecht.

Walburga Fröhlich[10] spricht stattdessen von „Moderation" (2017, S. 424). Folgende allgemeine Beschreibung von Moderation zeigt, wie passend diese Bezeichnung auch für den Prüfkontext (zumindest für Prüf*gruppen*) ist:

> Das ‚2-Personen-Gespräch' fordert die Einhaltung der elementaren Kommunikationsregel: Zuerst spricht der eine und dann der andere. Beim ‚Mehr-Personen-Gespräch' ist es notwendig, dieses Wechselspiel zwischen Sender und Empfänger, Sprecher und Zuhörer zu lenken,

9 Wie erwähnt, beschränkt sich auch der Zielgruppenkontakt im Rahmen der Forschungstätigkeit derzeit auf prälingual Taube, mit denen die Funktionalität der Regeln empirisch überprüft werden soll.

10 Geschäftsführerin der atempo Betriebsgesellschaft mbH, zu der die Marke capito gehört.

> um den Kommunikationsprozeß dahingehend zu steuern, daß nicht alle gleichzeitig reden und damit die Gespräche uneffektiv werden. Diese Aufgabe übernimmt der Moderator bzw. die Moderatorin. Er/sie darf nicht als ‚Führungsperson' auftreten, sondern agiert als ein ‚Gleichgestellter' […] Um Gespräche und Prozesse in einer Gruppe mit unterschiedlichen Charakteren moderierend zu leiten, benutzen Moderatoren in erster Linie die ‚Frage' und nur in zweiter Linie den ‚Kommentar'. Fragend versucht man, der Gruppe zu helfen, sich zu organisieren und den Auftrag zu erfüllen. Kommentierend versucht man für Ausgeglichenheit und Harmonie zu sorgen, ohne daß die Gruppe dies als Vorgabe des Moderators empfindet, sondern als natürlich entstandenden Zustand. Um dies zu leisten, müssen Moderatoren ein außerordentliches Gespür für Menschen und deren Reaktionen entwickelt haben. Sie müssen dazu imstande sein, im rechten Moment beispielsweise den ‚Gehemmten' etwas zu ermutigen, den ‚Vorschnellen' zu bremsen und den ‚Verworrenen' auf eine klare Linie zu bringen, ohne daß jene es als Sonderbehandlung oder Maßregelung auffassen. Wenn trotzdem Spannungen entstehen, ist es obendrein die Aufgabe des Moderators, partnerschaftlich einzugreifen und die positive Veränderung wiederherzustellen. (Conen, 1996, S. 198–199).

Die Moderatorin soll also den Prüferinnen quasi auf Augenhöhe begegnen, sie leitet das Gespräch, stellt Fragen, um relevante Informationen „herauszukitzeln" und vermittelt zwischen den einzelnen Teilnehmerinnen. Da dies den Aufgaben der Person ohne Lernschwierigkeiten, die den Prüfprozess begleitet, m. E. entspricht, ist „Moderatorin" der in dieser Untersuchung verwendete Begriff.

In Bezug auf die oben zitierte Definition von Moderation scheint im Fall der LS nur noch hinzuzukommen, dass die Moderatorin teilweise auch diejenige ist, die die Prüfergebnisse später bzw. bei digitalen Texten auch während der Prüfsitzung in den Text in LS einbaut. Dies geschieht in erster Linie dann, wenn sie eine Doppelfunktion erfüllt: die der Moderatorin und die der Übersetzerin. Wie das aber in der Realität häufig so ist, fehlt es dazu derzeit an Daten. Fröhlich gibt an, dass die Moderation bei capito „im Normalfall von einer Person durchgeführt [wird], die *nicht* selbst bei der Erstellung der Information mitgearbeitet hat, um ,Textverteidigungsreflexe' zu vermeiden" (Fröhlich, 2017, S. 423–424). Hierbei bleibt allerdings offen, ob diese Person generell auch übersetzt oder nicht.

In Spanien ist die Bezeichnung *dinamizador*, also „Dynamisierer", üblich (vgl. Plena Inclusión Madrid, 2018, S. 13). Dieser Begriff beschreibt die Rolle der Moderatorin als antreibenden Motor innerhalb der Prüfgruppe. Im Fokus steht also das „Informationen herauskitzeln" sowie die Aufgabe, die Prüferinnen zu motivieren. Dies beschreibt die realen Anforderungen zwar recht gut. Die deutsche Entsprechung ist aber längst nicht so geläufig wie das spanische Original. Zudem lässt sie eher an einen technischen Kontext denken. Daher ist dies nicht der Begriff, der in dieser Untersuchung verwendet wird.

In der bereits vorgestellten Handreichung wird die Dynamisiererin wie folgt definiert:

> Professionelle Fachkraft, die Teil der Prüfgruppe ist, ohne die Meinung der Prüfer zu beeinflussen. Ihre Aufgabe ist, die Gruppe zu bilden, zu organisieren, zu planen und die Arbeit zu begünstigen. Außerdem bildet sie das Bindeglied zwischen dem Anpasser[11] und der Prüfgruppe (Plena inclusión Madrid, 2018, S. 17, eigene Übersetzung).

Ein paar Seiten später wird die Funktion des Prüfmoderators weiter ausgeführt:

> Sein Ziel ist, dass es [innerhalb der Gruppe, I. S.] Vorschläge gibt, und nicht, selbst Dinge vorzuschlagen. Sein Wert ist seine Neutralität: Der Dynamisierer fragt und wendet Gruppendynamische Techniken an. Sehr wichtig ist die Bewertung der Stille. Der Dynamisierer muss die Schwierigkeiten eines Textes bemerken und die Beteiligung der Prüfer fördern [...] Der Dynamisierer muss hinterfragen, ob wirklich alles verstanden wird, wenn keine Einwürfe oder Vorschläge gemacht werden (ebd., S. 21, eigene Übersetzung).

---

11 Im Spanischen „adaptador", da hier üblicherweise von „Adaptationen" in *lectura fácil* gesprochen wird.

Zurück zur Situation in Deutschland: Für Prüferinnen existieren verschiedene Schulungen, angeboten bspw. von der Lebenshilfe oder der Arbeiterwohlfahrt. Das Fachzentrum für Leichte Sprache der Caritas Augsburg (CAB) hat von 2018 bis 2021 im Rahmen des bundesweiten, vom Bundesministerium für Arbeit und Soziales geförderten Pilotprojekts *Fachkraft für Leichte Sprache – Entwicklung einer Qualifizierungsmaßnahme für Menschen mit Lernschwierigkeiten* „eine Qualifizierungsmaßnahme für 12 Menschen mit geistiger Behinderung zur ‚Fachkraft für Leichte Sprache' entwickelt" (2018). In 12 Monaten sollen die Teilnehmerinnen Kompetenzen in den Bereichen Arbeiten im Büro und Leichte Sprache erwerben. Konkret gehörten dazu laut Website nicht nur Fachwissen in LS und Textprüfung, sondern auch „Persönlichkeitsentwicklung (Stärkung des Selbstbewusstseins, Empowerment)" (ebd.), PC- und Medienkenntnisse sowie Sozialkunde und Recht. Die Arbeit soll auch ein Schritt hin zur Prüferinnentätigkeit als vergüteter Beruf sein (vgl. Schrader, 2021, S. 86). Derzeit, also im Oktober 2021, sind aber keine Folgeprojekte in Aussicht.

Daneben entstand 2012 ein online frei zugänglicher Lehrplan für Prüferinnenschulungen, der im Rahmen eines von der Interessenvertretung Selbstbestimmt Leben Deutschland e. V. – ISL und von Mensch zuerst – Netzwerk People First Deutschland e. V. initiierten und vom Bundesministerium für Arbeit und Soziales geförderten Pilotprojekts erarbeitet wurde. Das Projekt richtete sich auch an Prüfmoderatorinnen. Genauer wurde auf den Inhalt oben in Abschnitt 3 eingegangen.

Ohne Anspruch auf Vollständigkeit sollen im Anschluss einige Schulungen für Übersetzerinnen und Moderatorinnen genannt werden, die sich ausführlich mit dem Prüfen beschäftigen bzw. beschäftigt haben. Erstens war es möglich, über die Lebenshilfe Bochum ein zweitägiges Grundlagenseminar zum Thema „Leichte Sprache sprechen" (2017) zu belegen. Zu den vier inhaltlichen Punkten gehörte der Aspekt „Zusammenarbeit mit Prüferinnen und Prüfern der Leichten Sprache" (ebd.). Zweitens bietet das bereits genannte Fachzentrum der CAB eine Fortbildung zur Übersetzerin/Texterin für LS an, zu der ein eintägiges Modul gehört, dass ebenfalls den Namen „Zusammenarbeit mit Prüfern für Leichte Sprache" (CAB Caritas Augsburg Betriebsträger gGmbH, Ausbildung zum Spezialisten für Leichte Sprache: Übersetzer/Texter für Leichte Sprache, o. J.) trägt. Drittens veranstaltet der Lebenshilfe Landesverband

Hessen e. V. eine aus fünf Bausteinen zusammengesetzte, berufsbegleitende Fortbildungsreihe (jeder Baustein erstreckt sich auf zwei Tage). Zum dritten Baustein gehören die Punkte „Prüfen auf Verständlichkeit" (2017) und „Die Zusammenarbeit von Prüfern und Übersetzern" (ebd.). Daneben wird auch in den capito-Lehrgängen, die Voraussetzung für „eine gebührenpflichtige Qualitätspartnerschaft mit dem ‚capito'-Netzwerk" (Gut Verstanden GmbH, 2018) sind, die Arbeit mit Prüfgruppen behandelt.

Bergelts Schlussfolgerung aus dem bereits erwähnten sozialwissenschaftlichen Teilprojekt der LeiSA-Studie zeugt allerdings davon, dass längst nicht alle Prüfmoderatorinnen eine entsprechende Schulung durchlaufen haben und die fachlichen Kompetenzen in einigen Fällen verbesserungswürdig sind:

> Auch wenn es nicht explizit mit untersucht wurde, scheint es keine systematische Aus- und Weiterbildung dieser Personen zu geben. Daher beobachtet man bei den Prüfprozessen Moderator(inn)en, die in Moderationstechniken sehr geschult sind, dadurch sehr tiefgehende Rückfragen an die Prüfer(innen) stellen und ein gutes Gespür dafür haben, welche Textabschnitte oder Wörter nicht verstanden werden. Aber es wurden auch Moderationen beobachtet, in denen Moderationstechniken und Methoden der Gesprächsführung ausbaufähig sind (Bergelt, 2018, S. 173).

Gleichzeitig merkt er an: „Da die Prüfmoderation in der hier vorgestellten Untersuchung nicht explizit untersucht wurde, bleibt eine Forschungslücke, die darauf wartet, gefüllt zu werden" (ebd., S. 174). Und genau das ist das Ziel der vorliegenden Untersuchung.

3.2 Qualitätssicherung und Objektivität

Auch wenn der Aspekt der Zweisprachigkeit im Falle der LS entfällt, kann die LS als intralinguale Übersetzung im Feld der Translation verortet werden. Schauen wir uns daher zunächst den Qualitätsbegriff innerhalb dieses Felds an. Traditionell bezieht sich die Qualitätsanalyse innerhalb der Translation auf den erstellten Text. Theoretische Modelle konzentrieren sich auf „Fehler in Zieltexten und deren Konsequenzen“ (Hofmann, 2012, S. 44) und auf die Erstellung von Kontrollmechanismen. Hieraus entwickelten sich verschiedene Normen zur Bewertung der Übersetzungsqualität (vgl. ebd.), wobei die neueste die Qualitätsnorm ISO 17100 ist.

Ein wesentliches Kriterium ist laut Norm die Zieltextkorrektur mittels des sog. Vier-Augen-Prinzips, also eine Revision durch jemanden, der den Text nicht selbst erstellt hat. Wichtig ist, dass dabei immer auch der Ausgangstext beachtet wird. Darüber hinaus kann eine fachliche Prüfung vorgenommen werden; diese beschränkt sich auf den Zieltext. Übertragen auf die LS kann die Zielgruppenprüfung als eine Form der fachlichen Prüfung definiert werden – wobei hier gerade die zielgruppenspezifischen Schwierigkeiten (geringe Lesekompetenz, eingeschränktes Vorwissen, fehlendes mathematisches Verständnis etc.) die „Fachkenntnisse“ der Prüferinnen als Expertinnen in eigener Sache darstellen. Demnach wäre darüber hinaus eine Revision nach dem Vier-Augen-Prinzip nötig, bei der auch der Ausgangstext beachtet wird. Dies wäre im Falle der Leichten Sprache entweder in Form einer separaten Revision durch eine weitere Übersetzerin möglich oder durch eine Prüfmoderatorin, die den zu prüfenden Text nicht selbst verfasst hat, so wie es laut Fröhlich bei capito gehandhabt wird.

Neben der spezifischen Norm für Übersetzungsdienstleistungen ist auch die allgemeine Normenreihe für Qualitätsmanagement ISO 9000 für Übersetzerinnen immer wichtiger geworden. Die Norm ISO 9000 legt den Fokus mehr auf die Kundschaft als auf das Produkt selbst: Qualität bedeute, dass ein Produkt oder Prozess die Erwartungen und Anforderungen der Kundinnen und anderen interessierten Parteien erfüllt (vgl. ISO 9000, 2015, S. 13). Bezogen auf die LS können unter Kundinnen sowohl Auftraggeberinnen oder Kostenträgerinnen als auch die Rezipientinnen selbst verstanden werden; und auch bei den Rezipientinnen könnte noch zwischen (bewusst gewählten) Adressatinnen und (zufälligen) Rezipientinnen unterschieden werden. Gemäß diesem Verständnis wären die Prüferinnen eines LS-Texts ein Teil der Adressatinnenschaft.

Entscheidend für den Prozess des Qualitätsmanagements ist, was Daniela Eichmeyer bezogen auf den Dolmetschprozess befindet: „Jede dieser Gruppen, die gegebenenfalls auch in einer Person vereint sein können, stellt bestimmte Ansprüche an das Produkt" (Eichmeyer, Nicht nur das „Produkt" zählt, 2018, S. 23). Während z. B. für die Adressatinnen ein verständlicher Text entscheidend ist, hat für Auftraggeberinnen „die Qualität der Auftragsabwicklung mindestens einen ebensolchen Stellenwert" (ebd.). Somit ist nicht nur das Produkt (also der LS-Text selbst), sondern auch der Prozess entscheidend für die Einhaltung eines Qualitätsstandards.

In den vorigen Abschnitten wurden verschiedene auf die LS bezogene Bemühungen vorgestellt, die Qualität der Texte in LS zu verbessern: Da sind zum einen die praktische Weiterentwicklung und empirische Erforschung der Regeln sowie die Verbreitung von Regelwerken. Da sind Angebote zur Weiterbildung für Prüferinnen, Übersetzerinnen und Prüfmoderatorinnen. Da sind auch einige theoretische Empfehlungen für den Prüfprozess. Darüber hinaus werben einige LS-Anbieterinnen explizit mit der Qualität ihrer Dienstleistungen. Das Büro für Leichte Sprache der Lebenshilfe Sachsen e. V. beruft sich diesbezüglich bspw. auf drei Kriterien: die Einhaltung der Regeln, die Prüfung durch Menschen mit Lernschwierigkeiten und die langjährige Erfahrung der Übersetzerinnen (vgl. 2018). Auf der Verbundebene sollen in erster Linie verschiedene Siegel die Qualität der Arbeit der Mitglieder sicherstellen. So heißt es auf der Webseite des Netzwerks Leichte Sprache:

> Das Netzwerk hat ein Qualitäts-Siegel für gute Leichte Sprache.
> Am Qualitäts-Siegel vom Netzwerk Leichte Sprache erkennt man:
> - Der Text ist gut in Leichter Sprache.
> - Der Text ist nach den Regeln für Leichte Sprache gemacht.
> - Mensche mit Lern-Schwierigkeiten haben den Text geprüft.
> - Alle Informationen im Text sind in Leichter Sprache.
> - Im Text stehen alle wichtigen Informationen
>
> (Netzwerk Leichte Sprache, Qualität in Leichter Sprache, o. J.)

Allerdings wird die Einhaltung der Kriterien nicht überprüft.

Die Genossenschaft verschiedener Organisationen der Lebenshilfe *Gesellschaft für Leichte Sprache e. G.* hat ein weiteres Qualitätssiegel entwickelt, das im Gegensatz zum Netzwerk Leichte Sprache die Arbeit der Mitglieder auch stichprobenartig überprüft. Das Siegel garantiere „hochwertige Leichte Sprache durch die Einhaltung unserer Qualitätsstandards" (2017). Diese bestehen aus drei Punkten: „Hohe Qualität" – worunter laut Website die Einhaltung und Weiterentwicklung der Regeln sowie die Verpflichtung zu regelmäßigen Schulungen verstanden wird –, „Erfahrungen aus Praxis und Forschung" und „Überprüfte Qualität". Das letzte Kriterium bezieht sich zum einen auf die Überprüfung durch Menschen mit Lernschwierigkeiten und zum anderen auf die bereits genannten Kontrollen durch die Genossenschaft. Nach welchen Kriterien sie im Einzelnen erfolgen, ist auf der Website nicht einsehbar.

Ferner vergibt auch capito das „capito Gütesiegel" (CFS – Consulting, Franchise & Sales GmbH, o. J.) für die in einer der Leicht-Lesen-Stufen verfassten Produkte ihrer Partnerinnen. Das Siegel stützt sich auf einen Kriterienkatalog, nach dem die Produkte stichprobenartig auf Verständlichkeit und Barrierefreiheit getestet werden. Zudem ist der Standard zertifiziert durch den TÜV AUSTRIA. Ein Kriterium des Katalogs ist die Zielgruppenprüfung. Im Unterschied zu anderen LS-Anbieterinnen wird bei capito, abgesehen von den Menschen mit Lernschwierigkeiten, noch zwischen sieben weitere Zielgruppen unterschieden, die für jedes Produkt klar definiert sein müssen. Hierzu zählen Menschen mit sensorischer (Hören oder Sehen) oder körperlicher Behinderung sowie Menschen mit nicht-deutscher Erstsprache oder niedriger Schulbildung. Zum Prüfablauf selbst wird allerdings einzig die Vorgabe gemacht, dass „mindestens drei Menschen aus der Zielgruppe die Information verstanden haben" (ebd.) müssen.

Alles in allem gibt es somit auch im Bereich LS verschiedene Ansätze zur Qualitätssicherung. Diese beinhalten aber kaum konkrete Angaben zum Prüfprozess als solchen. Deshalb scheint die Erarbeitung eines entsprechenden Kriterienkatalogs hier sinnvoll.

Einen weiteren Ansatz zur Verbesserung der Qualität der Texte in LS verfolgen insbesondere Mitglieder der Forschungsstelle Leichte Sprache wie Christiane Maaß und Isabel Rink sowie die Trainerin und Übersetzerin für Leichte Sprache Krishna-Sara Helmle: Der Berufsstand soll professionalisiert werden durch die Anbindung an Berufsverbände für Übersetzerinnen und Dolmetscherinnen wie dem Bundesverband der Dolmetscher und Übersetzer e. V. (BDÜ) und durch die Weiterbildung und Spezialisierung erfahrener interlingualer Fachübersetzerinnen in LS[12].

Der erste Grundsatz der Berufs- und Ehrenordnung des BDÜ, zu deren Einhaltung sich Mitglieder verpflichten, beginnt wie folgt: „Mitglieder des BDÜ üben ihren Beruf objektiv und nach bestem Wissen und Gewissen aus" (BDÜ, 2018). Objektivität scheint also fundamental für eine professionelle Übersetzerin. Auch in anderen Betätigungsfeldern wie der Mediation oder dem Journalismus gelten Werte wie Objektivität, Neutralität oder Allparteilichkeit als Voraussetzung für Qualität. Die Frage ist, was die Begriffe genau transportieren sollen, welche Unterschiede es gibt und inwiefern sie auf die Situation der Prüfmoderatorin anwendbar sind. Zur Beantwortung werden auch Diskurse aus anderen Disziplinen zu Rate gezogen, um hier mögliche Parallelen zu finden.

Die drei genannten Begriffe gehören zum gleichen semantischen Feld, beschreiben sie doch eine Haltung, gemäß der ein Subjekt nicht selbst Partei bezieht, sondern alle Sichtweisen vertritt (soweit dies möglich ist). Auf der morphologischen Ebene scheint der Unterschied zwischen Objektivität und Neutralität folgender zu sein: Bei ersterer liegt der Fokus auf dem Objekt – also auf dem externen Gegenstand einer Handlung. Bei letzterer dagegen auf dem Handlungsträger selbst, der neutral ist. In der Praxis ist in verschiedenen Disziplinen entweder der eine oder der andere Begriff üblich. So wird im Journalismus über die Erreichbarkeit von Objektivität diskutiert, während in Bereichen wie der Mediation, dem *Community Interpreting* oder dem Gebärdensprachdolmetschen eher von Neutralität die Rede ist.

In diesen Disziplinen wird der Begriff der Neutralität mehr und mehr von dem der Allparteilichkeit abgelöst, einem Konzept aus der Systemtheorie. Wie Objektivität auch richtet es die Aufmerksamkeit nach außen – allerdings nicht auf das Objekt, sondern auf alle Parteien. So ist zu erklären, dass sich der Begriff dort durchsetzt, wo mit Menschen gearbeitet und nicht über Ereignisse berichtet wird. Im Falle der Prüfmoderation kommen aber ja sowohl verschiedene

12 Dies ist neben der in 2.7 erwähnten zunehmenden Akademisierung ein weiterer Grund, dass mit einem wachsenden Anteil an Sprachwissenschaftlerinnen zu rechnen ist.

Parteien als auch ein Objekt (der Text bzw. die Bilder, die es zu prüfen gilt) ins Spiel. Daher wäre ein Überbegriff am ehesten zutreffend.

Zwar wurde zuvor angeführt, Neutralität beziehe sich tendenziell eher auf das handelnde Subjekt. Vielleicht ist dies aber nur im morphologischen Sinne so, denn es finden sich auch Stimmen, nach denen „Neutralität" eben dieser Überbegriff ist. So unterscheiden Arist von Schlippe und Jochen Schweitzer für die Disziplin der Mediation zwischen drei Arten der Neutralität (vgl. von Schlippe & Schweitzer, 2015, S. 120): der sozialen Neutralität (gegenüber Personen), der Veränderungsneutralität (gegenüber dem Gegenstand der Mediation) und der Konstruktneutralität (gegenüber Ideen). Diese Unterscheidung lässt sich auch auf die Moderation des Prüfprozesses übertragen: Soziale Neutralität beschreibt eine neutrale Haltung gegenüber den Prüferinnen; Veränderungsneutralität das Nicht-am-eigenen-Text-hängen und Konstruktneutralität die Offenheit gegenüber Kritik oder Vorschlägen.

Im Folgenden soll unter die Lupe genommen werden, wie die Begriffe in anderen Disziplinen verwendet werden und ob dies auf die Anforderungen an die Prüfmoderatorinnen übertragbar ist. Im Journalismus galt Objektivität lange als das wichtigste Merkmal einer professionellen Arbeitsweise. In Anbetracht großer Herausforderungen für den Berufsstand ist sie auch jetzt noch für viele oberstes Credo ihres Selbstverständnisses. Cornelia Mothes spricht von „vier Herausforderungen, denen sich professionelle Journalisten heute gegenübersehen: einem Qualitätsverlust journalistischer Inhalte, einer Entgrenzung sowie einem Glaubwürdigkeitsverlust der journalistischen Profession und einer sinkenden Nachfrage nach journalistischen Kernprodukten" (Mothes, 2014, S. 19). Raquel San Martín beschreibt das Ziel der Objektivität dementsprechend als „Marketingstrategie"[13] (San Martín, 2014, S. 74, eigene Übersetzung). Gleichzeitig wird in den letzten Jahren generell innerhalb der Journalistik immer mehr angezweifelt, ob Objektivität überhaupt erreichbar ist (ebd, S. 79).

Laut San Martín bedeute z. B. allein die Tatsache, dass eine Journalistin auswählen muss, worüber sie schreibt, dass sie nicht vollkommen objektiv handeln könne (ebd., S. 74). Dies trifft auch auf die Moderatorin des Prüfprozesses

13 Im Original: „estrategia de marketing".

zu: Auch sie entscheidet, welche Fragen sie zum Text stellt und welche nicht, wo sie weiter nachhakt und wo sie es bspw. bei einer vielleicht nur teilweise zutreffenden Antwort belässt. Es ist zudem zu bedenken, dass in vielen Fällen die Moderatorin den zur Prüfung stehenden Text selbst verfasst und sich somit intensiv mit ihm auseinandergesetzt hat. Dadurch kann es leicht passieren, dass sie Unklarheiten oder sogar Fehler im Text selbst nicht wahrnimmt. Auch die von Fröhlich beschriebenen „Textverteidigungsreflexe" können eine Rolle spielen. Ein weiterer Faktor kann Zeitdruck sein, und zwar unabhängig davon, ob die Moderatorin den Text selbst verfasst hat oder nicht.

In Anlehnung an Horst Conen (1996) ist die Aufgabe der Moderatorin, den Kommunikationsprozess zu steuern, ohne den Gesprächsteilnehmerinnen das Gefühl zu geben, über ihnen zu stehen. Sie stellt Fragen und soll dabei möglichst wenig selbst kommentieren. Kommentare soll sie so abgeben, dass sie „für Ausgeglichenheit und Harmonie" (Conen, 1996, S. 199) sorgen, „ohne daß die Gruppe dies als Vorgabe des Moderators empfindet, sondern als natürlich entstandenen Zustand" (ebd.). Wie bereits erwähnt, verlangt besonders viel „Gespür für Menschen" (ebd.), die „‚Gehemmten' etwas zu ermutigen, den ‚Vorschnellen' zu bremsen und den ‚Verworrenen' auf eine klare Linie zu bringen, ohne daß [dies] als Sonderbehandlung oder Maßregelung" (ebd.) aufgefasst wird. Zudem ist es die Aufgabe der Moderatorin, bei Spannungen in der Gruppe ausgleichend und versöhnend zu wirken.

Nur die Moderatorin kennt den Ausgangstext bzw. weiß – im Fall eines direkt in LS verfassten Textes – was der Text aussagen soll. Damit kann nur sie feststellen, ob das, was die Prüferinnen zum Inhalt angeben, mit diesem übereinstimmt oder nicht. Sie muss die Fragen so stellen, dass Schwierigkeiten ans Licht kommen. In der Arbeitsgruppe „Wie wird Leichte Sprache geprüft?" bei der Fachtagung „Exklusive Teilhabe am Arbeitsmarkt? Unterstützung durch Leichte Sprache?" der Universität Leipzig (2018) waren sich die teilnehmenden Übersetzerinnen einig, dass es eine allgemeine Tendenz gebe: Wenn eine Prüferin der Meinung sei, dass in einem Text „alles klar" sei, schlössen sich alle anderen dieser Meinung an, und zwar auch dann, wenn sie selbst den Inhalt nicht verstanden hätten. Auch hier ist es somit an der Person ohne Lernschwierigkeiten, nachzuhaken.

Dies erinnert auf den ersten Blick an die Situation im *Community Interpreting*, also dem Dolmetschen vor Gericht, Behörden und in medizinischen Settings. Die Gesprächspartnerinnen sind hier meist Migrantinnen auf der einen, und eine Vertreterin der Mehrheitsgesellschaft auf der anderen Seite. Letztere verfügt normalerweise über mehr Wissen zu den für das Gespräch relevanten Themen und ist zudem meist gesellschaftlich höhergestellt. Aus diesem Grund ist diese Art Setting durch ein Machtgefälle charakterisiert (vgl. Sonja Pöllabauer, 2005, S. 56). Die Dolmetscherin wird zwar in der Regel von der Mehrheitsgesellschaft entlohnt, verfügt aber oft dadurch über ihre Sprachkenntnisse, dass sie demselben Kulturkreis wie die Migrantin angehört. Dies hat zur Folge, dass sie sich tendenziell eher mit ihr identifiziert. Neutralität ist hier somit ein bewusster Prozess der inneren Abgrenzung.

Bei näherem Betrachten passt der Vergleich aber nur, wenn die Moderatorin selbst verantwortlich ist für den Text, weil sie entweder auch die Übersetzerin ist oder zumindest im selben Büro arbeitet, denn dann befindet sie sich zwischen zwei Parteien, denen gegenüber sie Rechenschaft ablegen muss (nämlich den Prüferinnen und der Auftraggeberin). Für Moderatorinnen, die externe Texte als Auftragsarbeiten prüfen lassen, trifft dies aber eher nicht zu. Es mag deshalb passender sein, die Situation der Moderatorin mit der zuvor beschriebenen Vertreterin der Mehrheitsgesellschaft zu vergleichen, also bspw. mit einer Ärztin im Gespräch mit einer Patientin: Wie die Ärztin über Fachwissen, so verfügt auch die Moderatorin über mehr Wissen (zum Thema des zu prüfenden Texts) als ihr Gegenpart, wodurch dieser in beiden Fällen bis zu einem gewissen Grad von ihrer Sicht der Dinge und ihren Entscheidungen abhängig ist. Und so wie eine gute Ärztin fähig sein sollte, Patientinnen auf Augenhöhe zu begegnen und sich in für diese verständlichen Worten auszudrücken, so darf auch die Moderatorin ihre Position nicht ausnutzen, sondern muss die Prüferinnen bewusst als Expertinnen ernst nehmen, sich selbst zurückstellen und mit Geduld und Einfühlungsvermögen Verständnisschwierigkeiten ergründen.

Zusammenfassend kann gesagt werden, dass die Moderatorin eine verantwortungsvolle Rolle in der Prüfsitzung spielt. Leicht kann es passieren, dass ihr Vorwissen bzw. Mehrwissen sie dazu verleitet, beeinflussende Fragen zu stellen, Schwierigkeiten zu übersehen oder eine belehrende Position einzunehmen. Begriffe wie Neutralität und Objektivität können aber nicht mehr als Ideale sein, an denen sich eine gute Moderatorin orientiert. Entscheidend dafür, inwieweit es einer Moderatorin gelingt, diesen Idealvorstellungen nahe zu kommen, ist, dass sie sich der beschriebenen Gefahren bewusst ist.

Soweit die Erörterung möglicher Fallstricke im Prüfprozess und einer angemessenen Haltung, mit der Moderatorinnen diesen begegnen sollten. Damit schließen wir mit den theoretischen Vorüberlegungen, um uns im Folgenden dem eigentlichen Gegenstand dieses Buches zu widmen: der Befragung von 22 Prüfmoderatorinnen zu ihrer Tätigkeit.

4 Dem Prüfen auf der Spur

Um herauszufinden, über welche Kenntnisse Prüfmoderatorinnen verfügen sollten, welche Methoden sie anwenden und welche Erfahrungen sie gemacht haben, wurden Daten mittels eines Fragebogens erhoben. Hierauf aufbauend sollte ermittelt werden, über welche allgemeingültigen Kompetenzen eine Moderatorin verfügen sollte und wie diese verbreitet werden könnten. Nachfolgend soll vorgestellt werden, wie zur Erstellung des Fragebogens vorgegangen wurde. Dafür wird zunächst der Fragebogen als wissenschaftliches Erhebungsinstrument kritisch betrachtet.

Ein für eine wissenschaftliche Erhebung erstellter Fragebogen ist das Ergebnis eines gründlichen Entwicklungsprozesses. Rolf Porst definiert ihn als „eine theoretisch begründete und systematisch präsentierte Auswahl von Fragen, mit denen wir das zugrunde liegende theoretisch definierte Erkenntnisinteresse anhand der mit dem Fragebogen zu gewinnenden Daten empirisch zu prüfen versuchen" (2014, S. 16). Ziel des Fragebogens ist es also, alle eingangs aufgestellten Hypothesen in den Fragen so zu reflektieren, dass dabei zuverlässige und valide Ergebnisse erzielt werden (vgl. ebd.).

Dies ist alles andere als einfach. Das Hauptproblem besteht darin, dass ein Fragebogen keine objektiven Ergebnisse liefert – wie bspw. Beobachtungen – sondern nur die subjektiven Äußerungen der Befragten wiedergibt. Aus diesem Grund wird die Fragebogenmethodik in der Sozialforschung auch kritisch diskutiert und oft mit einer Triangulation validiert, bei der die jeweiligen Nachteile durch eine Kombination verschiedener Methoden ausgeglichen werden sollen (vgl. Blaikie, 1991, S. 115). Dies war im Rahmen dieser Studie jedoch nicht möglich.

Eine weitere Schwierigkeit ist, dass, im Gegensatz zum leitfadengeführten Interview, Fragende und Befragte nicht direkt miteinander kommunizieren. So kann keine der Beteiligten Nachfragen stellen. Das bedeutet, dass die Fragen so klar formuliert sein müssen, dass jede sie versteht – und zwar auf die gleiche Weise – und eindeutig beantworten kann. Dafür ist entscheidend, dass die Fragen auf semantischer Ebene verständlich, klar und eindeutig formuliert sind (vgl. Rolf Porst, 2014, S. 21–23). Darüber hinaus müssen die Fragen auch auf pragmatischer Ebene verstanden werden. Porst führt zur Veranschaulichung die einfache Frage „Was haben Sie heute morgen zwischen 7 und 8 Uhr alles getan?" (ebd., S. 23) an. Die semantische Bedeutung ist klar, aber was ist der illokutionäre Zweck der Aussage, also „die kommunikativen und praktischen Absichten" (Hindelang, 1983, S. 46): „Was will der wirklich wissen? Doch wohl nicht, dass ich mich beim Frühstück an der Nase gekratzt habe, oder doch?" (Porst, 2014, S. 23).

Ferner können weitere Faktoren die Objektivität und Reliabilität des Fragebogens einschränken: So existiert bspw. das Problem der Antworttendenzen, auch *response set* genannt. Darunter „verstehen wir Verhaltensweisen und Reaktionen der Befragungspersonen auf Fragen unabhängig von deren Inhalt" (ebd., S. 16). Ein Beispiel hierfür ist das Phänomen der Aquieszenz, also die Tendenz, Fragen eher mit „ja" zu beantworten, oder die Tendenz, in einer Skala immer eher einen Mittelwert anzukreuzen (vgl. Cronbach, 1949; Guilford, 1959). Ein anderer Punkt wäre eine zu kleine oder nicht unabhängig gewählte Stichprobe.

Wenn gewährleistet ist, dass die Fragen so gestellt sind, dass alle Befragten sie eindeutig verstehen, sind mit der Beantwortung weitere Herausforderungen verbunden. Abgesehen von simplen Fakten zur Person – die Porst als „Demographie-Fragen" (ebd., S. 26) bezeichnet – erfordert die Beantwortung zunächst die (bewusste oder unbewusste) Verarbeitung der Frage. Wenn eine Frage auf die persönliche Einstellung abzielt, muss die Befragte zur Beantwortung ein Urteil bilden. Geht es hingegen um Verhalten, muss dieses aus dem Gedächtnis rekonstruiert werden (ebd., S. 27).

Das gefällte Urteil bzw. die rekonstruierte Erinnerung muss dann an das Antwortformat des Fragebogens angepasst werden (ebd., S. 29). Entweder bedeutet das, die eigenen Gedanken in konkreten Worten zu manifestieren (bei offenen Fragen), oder aber, eine der vorgegebenen Antwortmöglichkeiten zu wählen (bei geschlossenen Fragen). Darüber hinaus ist auch eine hybride Mischform in Form von halboffenen Fragen möglich. Hiermit sind Fragen gemeint, bei denen die Befragten nur ein Wort oder eine Ziffer eintragen müssen, meist nachdem sie zuvor eine Auswahl getroffen haben. Auch in dieser Hinsicht zeigt sich die Schwierigkeit einer Datenerhebung mittels eines Fragebogens, denn bei unklarer oder unvollständiger Beantwortung der offenen bzw. halboffenen Fragen kann nicht nachgefragt werden.

Geschlossene Fragen haben für die Befragten den Vorteil, dass sie für das bloße Ankreuzen bzw. Anklicken einer der Antwortmöglichkeiten weniger Zeit benötigen als für das Formulieren einer Antwort auf eine offene Fragestellung. Auch die Auswertung ist sehr viel einfacher als bei offenen Fragen. Die Gefahr bei geschlossenen Fragen ist aber, dass beim Erstellen nicht alle Möglichkeiten vorhergesehen werden und dadurch verhindert wird, dass die Befragten bestimmte Informationen angeben. Dies zeigt, dass bei der Ausarbeitung des Fragebogens auch die Antwortmöglichkeiten wohlüberlegt werden müssen, um eine möglichst große statistische Validität zu gewährleisten.

Die zuvor dargestellten theoretischen Ausführungen werden nun auf den Fragebogen angewandt, mit dem die Daten für diese Untersuchung erhobenen wurden. Hierbei wurde eine Kombination aus qualitativen und quantitativen Forschungsmethoden gewählt. Zunächst war geplant, eine rein qualitative Erhebung mithilfe von Interviews durchzuführen. In einem Testlauf hat sich jedoch herausgestellt, dass sowohl die Durchführung als auch die Auswertung dabei sehr zeitaufwendig ist und es zudem schwieriger ist, Moderatorinnen zu finden, die bereit sind, unentgeltlich teilzunehmen. Aus diesen Gründen hätte die Teilnehmerzahl bei einer Erhebung mithilfe von Interviews deutlich geringer ausfallen müssen als bei einer Befragung mittels Fragebogen, was die Repräsentativität verringert und damit die Aussagekraft der Erhebung geschmälert hätte. Andererseits schien aber auch eine rein quantitative Untersuchung unangebracht angesichts der wenigen bereits vorhandenen Forschungsergebnisse zum Prüfvorgang von Texten in LS und der Tatsache, dass quantitative Fragestellungen wenig Raum für unerwartete Ergebnisse lassen (vgl. Moschner & Anschütz, 2010, S. 12).

Auch die qualitative Forschung wird aus unterschiedlichen Gründen kritisch gesehen: „Mangelnde intersubjektive Nachvollziehbarkeit, Verletzung klassischer Gütekriterien wie Objektivität und Reliabilität und unzureichende Verallgemeinbarkeit der Ergebnisse sind oft gebrauchte Einwände“ (Mayring, Qualitative Inhaltsanalyse, 2003, S. 7). Barbara Moschner und Andrea Anschütz sind deshalb der Ansicht, „dass eine Kombination der verschiedenen methodischen Ansätze sinnvoll und hilfreich ist“ (2010, S. 12). Traditionell galten beide Erhebungsformen zwar als unvereinbar, inzwischen wird jedoch allgemein die Ansicht vertreten, „dass qualitative und quantitative Ansätze keinen Gegensatz darstellen“ (Mayring, 2001, S. 2). Dies sind die Gründe, weshalb auf eine Methodenkombination in Form eines Fragebogens zurückgegriffen wurde, in dem es sowohl quantitative (geschlossene) Fragen als auch qualitative (offene) Fragen gibt.

Um den Teilnehmerinnen die Beantwortung möglichst einfach zu gestalten, wurde mit Open Office ein am PC ausfüllbarer Fragebogen im PDF-Format erstellt. Die offenen Fragen sind so gestaltet, dass die Befragten die Antwort in ein Textfeld eingeben konnten. Das Textfeld ist so konfiguriert, dass man über die visuelle Breite hinweg eigentlich unendlich lang weiterschreiben konnte. Allerdings konnten die Befragten bei langen Antworten nur einen kleinen Teil ihrer Antwort sehen. Dies kritisierte die Befragte 14: „Ich fand es schwierig bzw. langwierig den Fragebogen auszufüllen. Da ich nur immer einen Teil meiner geschriebenen Sätze sehen konnte.“

Der Fragebogen beginnt mit einem Block von Fragen zum Prüfprozess selbst, gefolgt von einem zum Profil der Moderatorinnen. In der Auswertung wurde die Reihenfolge allerdings aus diskursiven Gründen umgedreht. Mit dem ersten Block sollte zum einen die Hypothese überprüft werden, dass zwischen den verschiedenen Anbieterinnen Unterschiede bestehen was bspw. die Prüfdauer oder die Anzahl an Prüferinnen pro Sitzung betrifft. Dies wäre ein weiteres Argument für die Notwendigkeit einheitlicher Qualitätskriterien. Zum anderen ergeben sich aus den Fragen zum Prozess auch die Fähigkeiten und Kenntnisse, die eine Moderatorin zum Prüfen benötigt. Zudem sollte so vermieden werden, dass die Teilnehmerinnen das Gefühl bekommen, es ginge bei der Untersuchung um sie als Person.

Fast die Hälfte des ersten Blocks machen rein quantitative, geschlossene Fragen aus. In einem zweiten Block werden dann Fragen zur Rolle der Moderatorin gestellt. Hier sind es aufgrund der Subjektivität vieler Aspekte überwiegend offene Fragen bzw. geschlossene, die von einer qualitativen Nachfrage begleitet werden („Ja, und zwar:“). Der Fragebogen enthält insgesamt in der ersten Version 27, und dann 28 Fragen; der erste Block setzt sich dabei aus 17, und der zweite aus neun bzw. zehn Fragen zusammen.

Die erste Frage dient als Eisbrecher (vgl. Kirchhoff, Kuhnt, Lipp & Schlawin, 2010, S. 19–20) und ist deshalb sehr allgemein gehalten: „Wie sieht der übliche Prüfprozess aus? Welche Schritte nehmen Sie vor? Bitte beschreiben Sie 1., 2., 3. usw.“ Zudem wurde hier eine offene Fragestellung gewählt, um auch Aspekte zu erfassen, die bei den konkreteren Fragen evtl. nicht mitgedacht wurden. So sollte ausgeglichen werden, dass bei einer Befragung mittels Fragebögen keine Rückfragen gestellt werden können (siehe 4.1). Aus demselben Grund wurde die Frage bewusst so vage gestellt, dass sie einen gewissen Interpretationsspielraum zulässt. Die Antworten auf diese sehr offen gestaltete Frage können bei späteren, differenzierteren Fragen ergänzend oder klärend wirken und Hinweise darauf geben, welche Aspekte der Befragten wichtig erscheinen.

Zu den expliziten Fragen, die im Anschluss folgen, gehören z. B. Fragen zur Dauer der Prüfsitzungen, zum verwendeten Kanal (mündlich oder schriftlich), zur Größe der Prüfgruppe und zur Art der Ergebnisprotokollierung. Die letzten Fragen zielen darauf ab, die Beweggründe und Ansichten der Befragten zu erfahren: Was ist ihr wichtig beim Prüfen? Was erschwert ihrer Meinung nach, ein gutes Prüfergebnis zu erreichen? Mit Frage 17 („Haben Sie im Laufe der Zeit dazugelernt? Haben Sie Dinge verändert/optimiert?“) soll zudem festgestellt werden, ob es Aspekte gibt, die als Vorbereitung auf das Prüfen vermittelt werden könnten bzw. sollten.

Im zweiten Block zum Profil der Moderatorin selbst werden z. B. Fragen zur Vorbereitung auf die Tätigkeit als Prüfmoderatorin gestellt. Hier wird bspw. nach Ausbildungen, Schulungen oder anderen Formen der Weiterbildung gefragt. Nicht erfragt werden allgemeine Informationen wie Geschlecht, Alter usw., da diese nicht als in diesem Zusammenhang bedeutsam angesehen wurden und der Umfang des Fragebogens nicht unnötig erweitert werden sollte (zumal das Ausfüllen in der Endfassung laut Aussagen von Teilnehmerinnen auch so bereits 30 Minuten in Anspruch genommen hat).

Vor der Befragung führte eine Prüfmoderatorin einen Vortest durch. Das Ziel war, sicherzustellen, dass die Fragen verständlich und vollständig sind. Außerdem sollte hierdurch ein Richtwert ermittelt werden, wie viel Zeit die Beantwortung des Fragebogens ungefähr in Anspruch nimmt. Im Anschluss wurden einige Antwortmöglichkeiten gemäß Anregungen und Kritik noch einmal überarbeitet. Bspw. wurden bei mehreren geschlossenen Fragen zu den ursprünglichen absoluten Antwortmöglichkeiten (z. B. „mündlich" oder „schriftlich") weitere Abstufungen hinzugefügt („meistens mündlich", „meistens schriftlich" und „beides ungefähr gleich viel").

Nach dem Rücklauf der ersten sechs verschickten Fragebögen wurde festgestellt, dass es sinnvoll wäre, wenn die Befragten die Möglichkeit erhielten, am Ende des Fragebogens eine eigene Meinung zum Prüfprozess abzugeben. Hierbei sollte eine Angabe aus der Perspektive der Moderatorinnen selbst erreicht werden, da allgemeine Vorteile aus Sicht der Prüferinnen bereits bekannt sind (siehe 3). Deshalb wurde eine weitere Frage eingefügt, die wie folgt lautet: „Ziehen Sie einen persönlichen Nutzen aus dem Moderieren der Prüfsitzungen?"

5 Zur Moderatorin im Prüfprozess

An der Befragung nahmen 22 Moderatorinnen aus Deutschland teil, wobei eine den Fragebogen zweimal ausgefüllt hat: einmal für den Prüfprozess von (bebilderten) Texten und einmal für den von Bildern ohne Text. Der Grund ist, dass in diesem Büro Bilder auch unabhängig von Texten geprüft und zur späteren Anwendung in eine Datenbank eingespeist werden. Da es sich also um dieselbe Person handelt und das separate Prüfen von Bildern zudem einen Sonderfall darstellt, konnten die Antworten aus diesem Fragebogen nicht bei allen Fragen berücksichtigt werden. Es wurden für die Erhebung bewusst viele Büros und Prüfstellen angeschrieben. Die Suche erfolgte über Google, online gestellte Adresslisten und mündliche Empfehlungen bzw. Kontakte. Im Ergebnis sind einige Bundesländer – insbesondere Bayern, aber auch Schleswig-Holstein und Niedersachsen – stärker vertreten, andere gar nicht (bspw. Mecklenburg-Vorpommern oder Thüringen, siehe Tabelle 1). Dies steht aber nicht notwendigerweise mit der Anzahl der vorhandenen Prüfstellen in Zusammenhang, sondern ist wahrscheinlich dem Zufall geschuldet.

Bundesland	**Anzahl**
Bayern	4
Schleswig-Holstein	3
Niedersachsen	3
Nordrhein-Westfalen	2
Hessen	2
Baden-Württemberg	2
Berlin	1
Bremen	1
Hamburg	1
Rheinland-Pfalz	1
Sachsen	1
Sachsen-Anhalt	1
Gesamt	**22**

Tabelle 1: Teilnehmer nach Bundesländern

Ferner arbeitet die Mehrheit der Befragten für in der Behindertenhilfe tätige gemeinnützige Organisationen und Verbände; nur eine Befragte betreibt als Freiberufliche ein eigenes Büro. Es wurden zwar noch mehr private Büros angeschrieben, bei denen laut Internetpräsenz eine Textprüfung durchgeführt wird. Diese konnten allerdings nicht teilnehmen, da sie die Prüfung nicht selbst vornehmen. Stattdessen lassen sie ihre Texte in Form eines Auftrags prüfen. Bei der Auswahl der sozialen Träger wurde auf eine Ausgewogenheit unterschiedlicher Anbieterinnen geachtet.

Zu den Anbieterinnen von LS-Prüfungen liegen keine offiziellen Zahlen vor. Helmle geht von einem Schätzwert von 100 bis 150 Büros für LS im deutschsprachigen Raum aus (2017, S. 32). Da nicht alle Büros auch prüfen, könnte die reale Anzahl sogar noch unter diesem Wert liegen. Wenn wir von einer Populationsgröße von 100 Prüfstellen bei einem Konfidenzniveau von 95 Prozent (was dem Standard entspricht) ausgehen, dann beträgt die Fehlerspanne 19. Das bedeutet wiederum, dass wir zur Erreichung einer Repräsentativität gemäß dem Miniaturkonzept (RM) eine Stichprobengröße von 22 Probandinnen benötigen. Damit ist die Repräsentativität im Falle dieser Befragung gewährleistet.

Obgleich die Größe der Stichprobe von 22 Probandinnen und die Anzahl von 13 quantitativen Fragen eine Prüfung der Signifikanz der Befragung vielleicht erlaubt hätten, wurde auf eine Überprüfung der statistischen Validität verzichtet, da vielfach keine skalierbaren Daten ermittelt werden konnten. Beispielsweise gab ein Teil der Befragten bei der Frage „Wie lange prüfen Sie am Stück?“ eine Skala statt einer eines festen Zeitwertes an, wodurch die Aussagen nicht direkt vergleichbar waren. Zudem erschienen aufgrund der hohen Augenscheinvalidität die aufwändigen Berechnungen entbehrlich. In den folgenden Abschnitten wird nun eine nach Themen geordnete Auswertung der Antworten vorgenommen. Bei der Auswertung der qualitativen Fragen wurde eine induktive Strategie der Kategorisierung basierend auf Philipp Mayring verfolgt (vgl. 2003, S. 58).

5.1 Zum Moderatorinnenprofil

Obgleich der Fragebogen mit der Erörterung des Prüfprozesses beginnt, soll hier die Reihenfolge umgekehrt werden: Zunächst wird mit der Auswertung des Moderatorinnenprofils begonnen, um erst dann mit den Fragen zum Prozess selbst fortzufahren. Somit wird hier quasi vom Kleinen zum Großen vorgegangen, von den Einzelpersonen zum Prozess.

5.1.1 Ausbildung

Verschiedene Faktoren erschweren die Auswertung der Fragen nach der schulischen oder akademischen Bildung sowie anderer Formen der (Weiter-) Bildung. So ist anzunehmen, dass die Befragten die Frage „Welche Ausbildung(-en) oder (Fach-)Hochschulabschluss/-üsse haben Sie absolviert?" unterschiedlich ausführlich beantwortet bzw. unter „Ausbildung" mal nur ihre schulische oder akademische Bildung, und mal auch Fort- und Weiterbildungen oder sogar die Teilnahme an Fachtagungen und Berufserfahrung verstanden haben. Zudem haben sich einige der Befragten auf ihrem Bildungsweg mit verschiedenen Bereichen beschäftigt, was eine klare Einteilung erschwert. Davon abgesehen können auch private Erfahrungen mit der Zielgruppe eine Vorbereitung auf die Moderatorinnentätigkeit darstellen. Hiernach wurde aber nicht direkt gefragt. Dies muss bei den auf der Ausbildung der Befragten fußenden Analysen relativierend berücksichtigt werden.

Trotzdem können die Befragten ihrer schulischen oder akademischen Bildung nach vereinfacht in drei Gruppen eingeteilt werden: Menschen aus sozialen Berufen, Sprachwissenschaftlerinnen und Menschen mit anderer universitärer oder schulischer Bildung (siehe Abbildung 1).

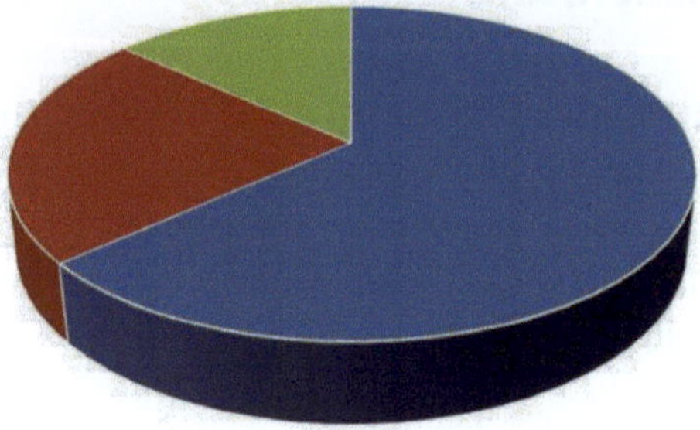

Abb. 1: Verteilung der schulischen und akademischen Bildung

Die Verteilung lag in der Befragung wie folgt: Auf 14 Menschen aus sozialen Berufen kamen fünf Sprachwissenschaftlerinnen (davon eine, die die Übertragung von Texten in LS innerhalb ihres Studiums erlernt hat) und drei mit anderen Bildungsabschlüssen[14]. Bei den Befragten handelt es sich um Prüfmoderatorinnen, von denen alle bis auf eine gleichzeitig auch als Übersetzerinnen tätig sind. Es ist gut möglich, dass bei einer Befragung unter Übersetzerinnen in LS – an der also sowohl Übersetzerinnen teilnehmen, die auch prüfen als auch solche, die dies nicht tun – der Anteil der Sprachwissenschaftlerinnen höher läge. In Abschnitt 6 werden die Ergebnisse anderer Fragen auf eine mögliche Korrelation mit dem Berufsprofil der Moderatorinnen untersucht. Dabei muss beachtet werden, dass es sich nicht um eine statistische Korrelation handelt und die unterschiedliche Größe der drei Gruppen sowie die durch die Aufteilung noch verminderte Stichprobengröße von 14, fünf und drei Befragten die Aussagekraft des Vergleichs schmälern, weshalb die Ergebnisse vor allem als Anstoß für weitere und vertiefende Untersuchungen zu bewerten sind.

14 Die Befragte 16 hat diese Antwort in Vertretung für drei Personen beantwortet: „Die drei Prüfbegleiter haben folgende Hochschulabschlüsse: Dipl.-Soz. Päd., Dipl.-Päd., M.A., Dr. phil.“. Da die Mehrheit ein sozialwissenschaftliches Studium abgeschlossen hat, wurde die Antwort zur Kategorie der „Menschen aus sozialen Berufen“ gezählt.

16 der 22 Befragten (72,73 Prozent) geben berufliche Weiterbildungen an. Diese können als Ergänzung zur schulischen oder akademischen Ausbildung gewertet werden. Davon 13 (59,09 Prozent) haben eine Weiterbildung zur LS als solche besucht. Im Detail spezifizieren einige, an Angeboten des Netzwerks Leichte Sprache, von Mensch zuerst – Netzwerk People First Deutschland e. V. oder capito teilgenommen zu haben. Drei nennen die berufsbegleitende Fortbildungsreihe des Lebenshilfe Landesverband Hessen, die auch ein Modul zum Prüfprozess umfasst (siehe 3.1). Ferner führen vier der 13 Befragten an, eine an Prüferinnen gerichtete Schulung begleitet zu haben. Davon abgesehen nennen neun der Befragten, die einen sozialen Beruf erlernt haben, ihre Berufserfahrung mit Menschen mit Lernschwierigkeiten als weitere Vorbereitung auf die Arbeit mit den Prüferinnen.

5.1.2 Kenntnisse und Fähigkeiten

Bei der Auswertung der von den Befragten als entscheidend eingeschätzten Kenntnisse und Fähigkeiten einer Prüfmoderatorin wurde in Anlehnung an Mayring ein Prozess der Abstraktion und Reduktion vorgenommen. Die Reihenfolge der im Folgenden genannten Überbegriffe richtet sich nach der Häufigkeit, mit der etwas zu den jeweiligen Konzepten angegeben wurde.

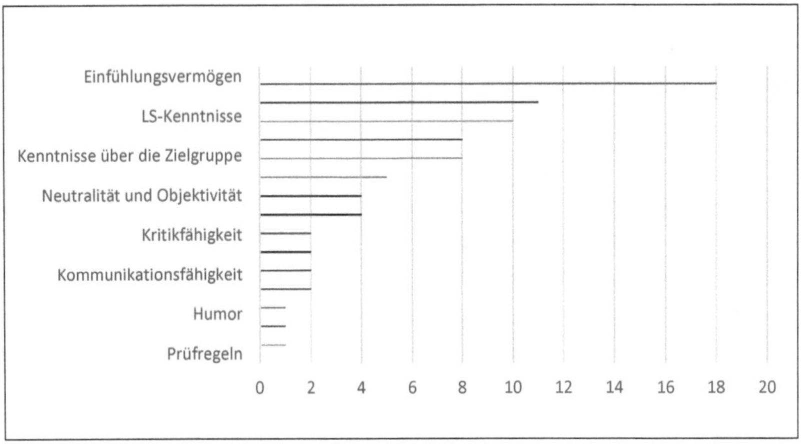

Abb. 2: Welche Kenntnisse und Fähigkeiten benötigt eine Moderatorin?

Einfühlungsvermögen

Beim Prüfen geht es im Unterschied zur herkömmlichen Textkorrektur nicht darum, Kompetenzen im Bereich Orthografie oder Grammatik zu zeigen. Stattdessen gibt sich die Prüferin „die Blöße“ einzugestehen, dass sie etwas nicht versteht. Das setzt Vertrauen in sich selbst und andere Teilnehmerinnen der Prüfsitzung voraus (siehe 5.2.2 unter „Gruppendynamische Prozesse“). Davon abgesehen sind sich die Prüferinnen nicht immer des eigenen Unverständnisses bewusst. Dementsprechend nennen 17 Befragte Aspekte, die zum Einfühlungsvermögen gezählt werden, als entscheidende Fähigkeiten der Moderatorin. Bspw. sei Sensibilität wichtig, um unausgesprochene Schwierigkeiten intuitiv zu erkennen oder um „zwischen den Zeilen hören [zu] können“ (B. 12) und „Zwischentöne wahrnehmen [zu] können“ (B. 17). Da dies direkt mit der Kommunikation zwischen Moderatorin und Prüferinnen zusammenhängt, spricht die Befragte 11 von einer ausgeprägten „Kommunikationsfähigkeit“ (B. 11), womit „zuhören, die Reaktionen der Prüferinnen wahrnehmen“ gemeint sei. Die Befragte 13 zählt eine ganze Palette an Eigenschaften auf, die mit einem guten Einfühlungsvermögen verbunden sind: „Empathie, Vertrauen vermitteln, Mut und Motivation geben, eine positive Atmosphäre schaffen, bestätigen können, einen Draht zu den Menschen haben.“ Auch der Kommentar, den die Befragte 10 bei der Frage, was sie im Laufe der Zeit gelernt habe, abgibt, fällt unter die Kategorie eines guten Einfühlungsvermögens: „niemanden zu über- oder unterfordern“.

Pädagogische Fähigkeiten

Elf der Befragten sehen pädagogische Fähigkeiten als besonders wichtig für die Moderation von Prüfgruppen an. So werden Konzepte wie Durchsetzungsfähigkeit genannt: Die Moderatorinnen müssen fähig sein, „Gruppen anzuleiten“ (B. 5) und „Führungsqualität“ (B. 17) mitbringen. Bei der Arbeit mit einer Zielgruppe, deren Aufmerksamkeitsspanne insgesamt gering ist, sollte die Moderatorin zudem den Prüfverlauf möglichst abwechslungsreich und interessant gestalten. So wird es auch in dem Lehrplan empfohlen, der 2012 im Rahmen eines Pilotprojekts von Menschen mit und ohne Lernschwierigkeiten entwickelt wurde (siehe 3). In diesem Sinne führt die Befragte 11 bei der Frage, was sie im Laufe der Zeit gelernt habe, an, sie achte inzwischen auf Abwechslung und passe die Herangehensweise dem jeweiligen Text an.

Entsprechend sind für die Befragten 5, 9 und 20 umfassende Kenntnisse im Bereich der Methodik maßgeblich um, wie es die Befragte 9 formuliert, „[d]as Prüfen interessant [zu] gestalten". Damit verbunden ist die „Fähigkeit zu motivieren" (B. 21). Für die Befragte 9 ist hier auch Humor wichtig. Für gute Prüfergebnisse sei zudem „lösungsorientiertes Arbeiten" (B. 17) und die Fähigkeit, „[g]ezielte Fragestellungen vornehmen zu können" (B. 12) relevant.

Sprach- und Textkenntnisse sowie Kommunikationsfähigkeit

Für zehn der Befragten sind Kenntnisse der LS ein entscheidendes Kriterium für eine gute Moderatorin, womit dieser Aspekt am dritthäufigsten genannt wird. Hiervon sechs beziehen sich direkt auf die Regeln. Eine führt aus, wofür die Moderatorin ihr Wissen nutzen soll: „Kenntnisse in Leichter Sprache: Die Prüferinnen beim Verständnis unterstützen. Ggf. Verbesserungsvorschläge machen, so dass der Text nach einem Prüfdurchgang fertig ist" (B. 11).

Zwei Befragte schreiben, eine Moderatorin müsse generell über die Fähigkeit verfügen, sich einfach und verständlich auszudrücken bzw. „[i]n einfachen Strukturen denken und schreiben" (B. 23) zu können. Für vier der Befragten ist zudem entscheidend, dass die Moderatorinnen über gute Kenntnisse der deutschen Sprache und ein ausgeprägtes Sprachgefühl verfügt; zwei weitere unterstreichen die Relevanz von Textkenntnissen, also ein „möglichst gutes inhaltliches/thematisches Verständnis der zu prüfenden Texte" (B. 20).

Geduld

Insgesamt acht Befragte sehen Geduld oder die Fähigkeit „Ruhe aus[zu]strahlen und [sich] Zeit [zu] nehmen" (B. 13) als wichtige Eigenschaft. Die Befragte 23 erklärt dies wie folgt: „Geduld, da einige nicht so schnell das Wort und den Text lesen können". Auch bei der Frage, was die Befragten im Laufe der Zeit gelernt hätten, geben drei Befragte an, sie ließen den Prüferinnen mittlerweile mehr Zeit. Die Anpassung an das (langsamere) Tempo der Zielgruppe Menschen mit Lernschwierigkeiten ist somit ein wichtiger Punkt, den die Moderatorinnen mitbringen bzw. erlernen müssen.

Kenntnisse über die Zielgruppe und Schulungen

Genauso viele Befragte unterstreichen den hohen Stellenwert von Kenntnissen über und Erfahrung mit der Zielgruppe der Menschen mit Lernschwierigkeiten. Unter diesen Oberbegriff fallen verschiedene Aussagen: Eine respektvolle Haltung gegenüber der Zielgruppe als solche zeigen; die Expertinnenrolle der Prüferinnen verstehen und anerkennen, sowie die Prüferinnen als Individuen kennenlernen, um ein „Gespür für die Gruppe/Personen (wer traut sich was und was nicht)" (B. 9) zu bekommen.

Letzteres kann auch als allgemeingültiges Kriterium für die Leitung von Gruppen verstanden werden: Je besser eine Moderatorin, Gruppenleiterin oder Coachin die Teilnehmerinnen kennt, umso eher kann sie unterschiedliche Bedürfnisse oder Denkweisen erspüren und befriedigen oder, für den konkreten Fall des Prüfens, Verständnisprobleme intuitiv erkennen. Es zeigt sich somit, dass dieser Punkt eng verknüpft ist mit dem bereits genannten Einfühlungsvermögen. In diesem Sinne antwortet auch die Befragte 19 auf die Frage, was sie im Laufe der Zeit gelernt habe: „Ich habe die Prüfer besser kennengelernt und weiß eher, an welchen Stellen Schwierigkeiten bestehen könnten."

Ein weiteres wichtiges Kriterium einer guten Prüfmoderatorin ist für fünf der Befragten, eine entsprechende Schulung erhalten zu haben. Im Einzelnen nennen die Befragten sowohl Weiterbildungen zur LS als solche als auch konkret zum Prüfen – für Prüferinnen, in Form einer Teilnahme „als Assistentin" (B. 7), oder für die Moderatorinnen selbst.

Neutralität und Objektivität

Den hohen Stellenwert von Neutralität und Objektivität bestätigt, dass vier Befragte bei der Frage, über welche Kenntnisse und Fähigkeiten eine Moderatorin verfügen sollte, explizit angeben, dass sie sich neutral oder objektiv verhalten sollte. So heißt es: „Neutralität: Den Prüferinnen nicht reinreden!" (B. 11), „Sie sollte pädagogisch so sensibilisiert sein, dass sie den Prüfprozess und die Moderation objektiv und ohne suggerierende Einflüsse leiten kann" (B. 18). Andere berufen sich auf eine neutrale Fragestellung: „Fähigkeit, offene Fragen und keine Suggestivfragen zu stellen"[15] (B. 21) und „Fragen stellen, die keine

15 Siehe hierzu auch den Punkt „Fragestellungen" in 4.3.2.

Antworten vorgeben und einen inhaltlichen Mehrwert bringen“ (B. 2). Auch bei den gezielten Fragen nach der Neutralität und Objektivität der Moderatorin schätzen 13 der Befragten ihre Bedeutung als sehr hoch ein.

Insgesamt vier Befragte bezweifeln wiederum, ob Neutralität und Objektivität überhaupt erreicht werden können. Zur Erläuterung sei die Aussage der Befragten 22 in Gänze wiedergegeben:

> Als Moderatorin bin ich über längere Zeit Teil einer Gruppe: Ich kenne die Teilnehmer, ihre Interessen und Lesestrategien. All das halte ich für wichtig, um die teilweise sehr verschiedenen Rückmeldungen einordnen zu können – das könnte man als evtl. Objektivität gegenüber den Prüfaussagen bezeichnen, aber die Bewertung liegt letztlich bei mir und ist damit durch meine subjektive Wahrnehmung beeinflusst. Vor diesem Hintergrund finde ich es zielführender, diese subjektiven Anteile der Moderation zu beschreiben und (Problem-) Potentiale zu entdecken. Ähnlich schwierig ist es mit der Neutralität: Wenn Prüfer unterschiedliche Lesevorlieben haben oder ggf. sogar Wünsche entgegen des Regelwerks, gibt es einen Interessenkonflikt, da nicht alle Anforderungen gleichrangig erfüllt werden können. Um das Problem im betreffenden Text zu lösen, muss zwangsläufig einigen Lesarten Vorrang gegeben werden, obwohl andere auch eine Berechtigung haben. In einem regelmäßigen gemeinsamen Arbeitskontext, der möglichst auf „Augenhöhe“ ausgelegt sein soll, halte ich beides für kaum leistbar. Wichtiger finde ich es, seine Rolle und Ansichten innerhalb der Gruppe regelmäßig zu reflektieren, z. B. die Sichtweise auf Text, Teilnehmer, bestimmte Lesarten oder Abläufe. Mein Vorschlag wäre also entgegengesetzt: Die nicht vermeidbare Subjektivität beschreiben und nutzen. Bei unterschiedlichen Vorschlägen der Prüfer, hinterfragen, warum man eine bestimmte Lösung gewählt hat und keine andere.

In diesem Sinne urteilt auch die Befragte 6:

> Diese Bezeichnungen halte ich für nicht umsetzbar und nicht passend. Wichtig ist: Genaues Zuhören, Beobachten, Erkennen, gutes/konkretes

Nachfragen. Und Haltung: Respekt den PrüferInnen gegenüber und eigene Lernbereitschaft (die Prüfzeit ist für mich jedes Mal Training!).

Mögen vollkommene Objektivität und Neutralität in der Beziehung mit den Prüferinnen auch nicht erreichbar sein, so können diese gemäß Fröhlich zumindest dem Text gegenüber dadurch gefördert werden, dass die Moderatorin nur Texte prüft, die nicht von ihr selbst verfasst wurden (siehe 3.1). Auch vier Befragte vertreten offensichtlich diese Ansicht, machen aber durch Abschwächungen wie „wenn möglich" (B. 8), „[n]ach Möglichkeit" (B. 11) und „gelegentlich" (B. 20) deutlich, dass diese Entkopplung in der Praxis nicht immer umzusetzen ist. Wie häufig die an dieser Befragung teilgenommenen Moderatorinnen auch die Übersetzerinnen der geprüften Texte sind, wurde allerdings nicht direkt erfragt. Festgestellt wurde lediglich, dass alle bis auf eine generell auch als Übersetzerinnen tätig sind. Außerdem wäre relevant, wer die „fremderstellten" Texte verfasst (handelt es sich bspw. um eine Kollegin desselben Büros oder um eine externe Auftragsarbeit) und ob diese Aspekte zu Unterschieden hinsichtlich des Prüfprozesses/-ergebnisses führen.

Es finden sich noch weitere Parallelen zwischen den Angaben bei diesen Fragen und den in Abschnitt 2 angestellten theoretischen Überlegungen. So beschreibt die Befragte 8 einen möglichen Interessenkonflikt zwischen Auftraggeberin und Prüferinnen als potenzielle Bedrohung für die Neutralität der Moderatorin, die sie mit für ein unverzichtbares Merkmal von Professionalität hält: „Natürlich muss sich ein Moderator wie ein Profi verhalten. Er darf sich weder von Gefühlen der Prüfer, noch von Wünschen des Auftraggebers leiten lassen." Diese Aussage deckt sich sowohl mit den Anforderungen der Berufs- und Ehrenordnung des BDÜ als auch mit der Situation der Dolmetscherinnen im Bereich des *Community Interpreting*. Am häufigsten wurden bei den Fragen nach Neutralität und Objektivität die Notwendigkeit, sich selbst zurückzunehmen (achtmal), eine Distanz zum Text zu wahren und Kritik zuzulassen[16] (wiederum zusammen achtmal) angegeben.

16 Wobei die Befragte 22 „Flexibilität" schreibt, was sowohl als Flexibilität gegenüber dem eigenen Text wie auch als organisatorische Fähigkeit verstanden werden kann.

Andere Fähigkeiten

Für zwei Befragte sind organisatorische Fähigkeiten ein wichtiges Kriterium. Die Befragte 7 ist zudem der Ansicht, eine Moderatorin sollte über PC-Kenntnisse verfügen (auch aus den anderen Antworten erschließt sich nicht, ob zur späteren Einarbeitung der Prüfergebnisse oder zur Bedienung eines Computers während der Prüfsitzung).

5.1.3 Lernprozess Praxis

Die Fragen „Haben Sie im Laufe der Zeit dazugelernt? Haben Sie Dinge verändert/optimiert, und wenn ja, was?" (siehe Abbildung 3) haben ergeben, dass die große Mehrheit die eigene Arbeitsweise bzw. den Prüfablauf im Laufe der Zeit optimiert hat: 21 Befragte bejahen die Frage, eine verneint sie und eine macht keine Angabe. Darüber hinaus bringt mehr als die Hälfte der Befragten (zwölf) vor, ihre Arbeitsweise sei das Ergebnis der eigenen Praxiserfahrung – zwei davon beschreiben den Austausch mit Kolleginnen als hilfreich. Eine Befragte führt darüber hinaus die Anwendung theoretischer Kenntnisse als wichtig für ihre Weiterentwicklung an.

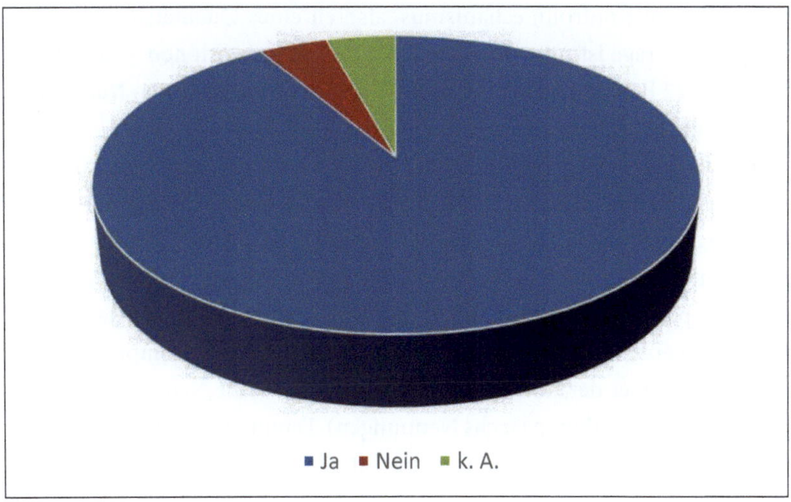

Abb. 3: Haben Sie im Laufe der Zeit dazugelernt? Haben Sie Dinge verändert/optimiert?

Hinsichtlich der konkreten Aspekte, die die Befragten mit der Zeit verbessert haben, beziehen sich drei Befragte auf die Abläufe im engeren Sinne: Die Befragte 6 schreibt, sie habe in dieser Hinsicht „mehr Struktur“ geschaffen, und die Befragte 18, sie arbeite jetzt „effizienter“. Ein konkreteres Beispiel ist das Markieren problematischer Textstellen von den Prüferinnen selbst: Insgesamt vier Befragte geben an, dass sich diese Handhabung als nicht zielführend erwiesen habe. Präziser gesagt erläutert die Befragte 22: „Da die Funktion der Markierung oft unterschiedlich interpretiert oder vergessen wurde, haben wir sie abgeschafft“, und die Befragte 3 betont, ein persönliches Gespräch sei aussagekräftiger „als bloßes Anstreichen“. Weitere Ergebnisse der Frage nach dem eigenen Lernprozess der Moderatorinnen werden in dem Abschnitt zu den verschiedenen Moderations- und Prüftechniken direkt im Zusammenhang mit dem jeweiligen Aspekt vorgestellt (siehe 5.2.2).

5.1.4 Nutzen für Moderatorinnen

Gemäß der Befragten 20 gibt es „keinen (noch so gut) übersetzten Text, den Prüfer nicht verändern“. Wenn „verändern“ im Sinne von „verbessern“ interpretiert wird, hat der Prüfprozess die Funktion des in Abschnitt 2.8 beschriebenen Kontrollmechanismus’ als Teil eines Qualitätsmanagement der LS. Die Frage ist nun, ob er auch für die Moderatorinnen – und damit bei 21 der 22 Befragten auch für sie als Übersetzerinnen – einen Nutzen mit sich bringt.

Da die Frage nach dem persönlichen Nutzen erst nach dem Rücklauf eines Teils der Befragungen hinzugefügt wurde (siehe 4), hatten nur 16 der 22 Befragten die Möglichkeit, sich diesbezüglich zu äußern. Von den ermittelten Daten musste eine weitere Antwort aussortiert werden, weil sie nicht zur Frage passte. Die verbleibenden Äußerungen können in drei Kategorien eingeteilt werden: die Verbesserung der übersetzerischen Kompetenz (acht Nennungen) oder der Kommunikation als solcher (eine Nennung), und die persönliche Befriedigung (sechs Nennungen). Damit sagt die Hälfte der Moderatorinnen aus, vom Prüfen für ihre Tätigkeit als Verfasserin von Texten in LS zu profitieren.

Vier Befragte erläutern, ihre Texte würden dadurch immer verständlicher, dass sie sich durch das Prüfen besser in die Denkweise von Menschen mit Lernschwierigkeiten hineinversetzen könnten oder dass sie ihre Lebenswelt besser kennenlernten (B. 10, 11, 13 u. 22). Die Befragte 22 schreibt: „Jede Prüfung ist für mich als Übersetzerin auch Training/Fortbildung". Die Befragte 17 führt diesbezüglich ein Beispiel an, das auch als Argument für die Bedeutung des Prüfprozesses als solchen gewertet werden kann: Sie stelle durch die Prüfung sicher, „einen Text entstehen zu lassen, der nicht nur die Regeln beherzigt, sondern tatsächlich von der Zielgruppe verstanden wird". Zudem lerne sie von den Prüferinnen, „welche Regeln sinnvoll sind und welche in Frage zu stellen sind". Konkret trenne sie heute weniger Wörter mithilfe des Bindestrichs. Insbesondere trenne sie nicht dort, „wo er [der Bindestrich, I.S.] grammatikalisch nicht hingehört". Daneben verwende sie vermehrt Kommata. Diese Aussagen sprechen für die Notwendigkeit der empirischen Untersuchung der LS-Regeln, um zu überprüfen, ob diese in der etablierten Weise wirklich (immer) zielführend sind. Damit wird auch deutlich, dass eine theoretische, regelbasierende Überprüfung der Zieltexte zumindest nach heutigem Forschungsstand keine Alternative zur Arbeit mit Prüferinnen sein und es vielleicht auch nie werden kann.

Dieselbe Befragte hebt auch die persönliche Erfüllung durch das Prüfen hervor: „Das Zusammenarbeiten mit Menschen mit Lernschwierigkeiten oder geistigen Behinderungen wirkt entschleunigend. Bei dieser Arbeit wird mir immer wieder bewusst, wie wichtig es ist, im Hier und Jetzt zu sein und sich ganz auf die Menschen zu konzentrieren, die mir gegenüber sitzen." Andere unterstreichen, es erweitere den Horizont (B. 19) oder es mache einfach Spaß (B. 20 u. 21).

5.2 Zum Prüfprozess

Nachdem im Kapitel 5.1 das Profil der Moderatorinnen analysiert wurde, sollen im Folgenden die Antworten zum Prüfprozess ausgewertet werden. Hierbei werden zunächst die äußeren Umstände in dem Abschnitt „Setting und Organisation" beleuchtet, um dann auf konkrete Moderations- und Prüftechniken einzugehen.

5.2.1 Setting und Organisation

Die erste Frage („Wie sieht der übliche Prüfprozess aus? Welche Schritte nehmen Sie vor? Bitte beschreiben Sie 1., 2., 3. usw.“) lässt, wie bereits erwähnt, einen Interpretationsspielraum zu. Dementsprechend gibt es unter den Befragten unterschiedliche Auffassungen hinsichtlich des Beginns des Prüfprozesses: Einige zählen Tätigkeiten der Moderatorin selbst wie das Kopieren der Texte oder das Bereitstellen von „benötigten Utensilien“ (B. 12) zum Prüfprozess, andere beginnen bei der Terminsetzung mit den Prüferinnen oder sogar mit eventuellen Korrekturen durch die Auftraggeberin. Die große Mehrheit der Befragten beginnt die Beschreibung mit der Textarbeit selbst, obgleich anzunehmen ist, dass noch mehr Prüfgruppen keinen festen Termin haben, sondern nach Bedarf prüfen. Es kann auch nicht davon ausgegangen werden, dass ein Nichterwähnen automatisch als ein Nichtzutreffend zu werten wäre, denn bspw. benötigen alle Gruppen, die nicht am PC prüfen, Hilfsmittel wie Stifte oder Textmarker, auch wenn dies unerwähnt bleibt.

Gerade wegen ihrer offenen Formulierung gibt die Frage aber auch bereits Auskunft über die wesentlichen Übereinstimmungen bzw. Unterschiede im Prüfprozess. So geben alle Befragten an, sich persönlich mit den Prüferinnen zu treffen[17]. Allerdings schicken zwei der Befragten den Prüferinnen die zu prüfenden Texte zunächst per E-Mail – eine grundsätzlich, bei der anderen wird das „[i]m Vorfeld abgesprochen“ (B. 10). Es ist also anzunehmen, dass in diesen Fällen die Prüferinnen die Texte bereits vor der eigentlichen Prüfsitzung lesen und Stellen markieren, an denen sie Verständnisschwierigkeiten haben. Hier wäre interessant zu wissen, warum dies so gehandhabt wird. Möglich wäre, dass so Zeit gespart oder, wie die Befragte 8 erläutert, verhindert werden soll, dass sich schnellere Prüferinnen langweilen und dadurch unkonzentriert werden (siehe 5.2.2 im Abschnitt „Gruppendynamische Prozesse“).

Elf von 23 Befragten geben an, den Prüferinnen zunächst gewisse Informationen zu den Texten zu geben, also eine „Kontextualisierung“ (B. 14) oder Einführung in das Thema (B. 2, 21 u. 22) vorzunehmen. Drei von ihnen

17 Es wäre interessant zu wissen, wie viele mittlerweile durch die COVID-19-Pandemie zumindest teilweise auf digitale Formate umgestiegen sind.

machen dies allerdings erst nach einem persönlichen Einstieg („Begrüßung und Befindlichkeitsrunde“ [B. 12], „Ich schaffe eine entspannte Atmosphäre in gewohnter Umgebung für die Prüferin“ [B. 18], „Begrüßung und Austausch über die vergangene Woche“ [B. 21]). Für zehn der Befragten beginnt der Prozess direkt mit dem Lesen der Texte. Wie bereits erwähnt, kann daraus nicht geschlossen werden, dass es in diesen Prüfgruppen keine Begrüßung oder Einführung ins Thema gäbe. Aber es gibt Hinweise darauf, dass zumindest drei die persönliche Ebene als wichtigen Aspekt des Prüfprozesses einstufen und fast die Hälfte eine inhaltliche Vorbereitung auf die Texte für nötig halten. Schließlich erleichtern in der Umsetzung Aspekte wie Vorwissen oder Umgebung das Verständnis[18].

Auch die sprachwissenschaftliche Teilstudie der Universität Leipzig (siehe 3) hat verschiedene Prüfmethoden verglichen. Konkret wurden folgende vier Methoden untersucht: der Fragebogen, die mündliche Befragung, das Anstreichen und das Laute Denken. Die Handreichung von Plena Inclusión Madrid empfiehlt die Methode des Lauten Denkens (2018, S. 27). Hiervon ausgehend müsse die Moderatorin besonders zwei Aspekte im Auge behalten: Die nonverbale Kommunikation der Prüferinnen und den Sprachgebrauch. Hinsichtlich des ersten Punkts solle die Moderatorin besonders aufmerksam denjenigen gegenüber sein, die im Allgemeinen die größten Verständnisschwierigkeiten haben. Zudem solle sie darauf achten, wer besonders demotiviert und gelangweilt wirkt (ebd.). In puncto Sprachgebrauch sei insbesondere gemeint, dass die Moderatorin genau unterscheiden müsse, ob die Prüferinnen Textstellen nur wiederholen ohne sie wirklich zu verstehen oder ob sie sie wirklich verstanden haben.

Dauer der Prüfsitzungen

Die Antworten auf die quantitative Frage „Wie lange prüfen Sie am Stück?“ fielen sehr unterschiedlich aus, von 20 bis 120 Minuten. Die meisten Befragten

18 Handelt es sich bspw. um Beschreibungen von Exponaten einer Ausstellung, so erwartet eine zukünftige Rezipientin bereits Erklärungen zu dem ausgestellten Stück. Zudem „erlebt“ sie es in Echtgröße, kann es evtl. sogar anfassen etc. Auch im Falle eines Formulars verfügen die Adressaten in der Regel über gewisse Informationen zu dem Schreiben.

prüfen etwa um die 60 Minuten am Stück. Zum Vergleich: Die Handreichung von Plena Inclusión empfiehlt eine Prüfdauer von ein bis zwei Stunden mit 10- bis 15-minütigen Pausen, wenn das Prüfen in Form einer unbezahlten (Freizeit-)Aktivität organisiert ist. Handelt es sich jedoch um eine vergütete Tätigkeit auf dem allgemeinen Arbeitsmarkt, so könne eine Sitzung auch zwei bis drei Stunden dauern, vorausgesetzt, es werden halbstündige Pausen eingeplant. Die Organisation der Zeiten sei Aufgabe der Prüfmoderatorin (Plena Inclusión Madrid, 2018, S. 21).

Verschiedene Gründe sind als Erklärung der in dieser Untersuchung festgestellten Divergenz denkbar. Eine Ursache könnte bspw. die Art der bearbeiteten Texte sein (Komplexität, Länge, persönliche Meinung oder Affinität zum Inhalt …), eine andere ein unterschiedlicher Umgang mit nachlassender Konzentration. Da die Motive im Rahmen des Fragebogens nicht direkt erfragt wurden, soll versucht werden, verschiedene Hypothesen anhand anderer Antworten zu überprüfen.

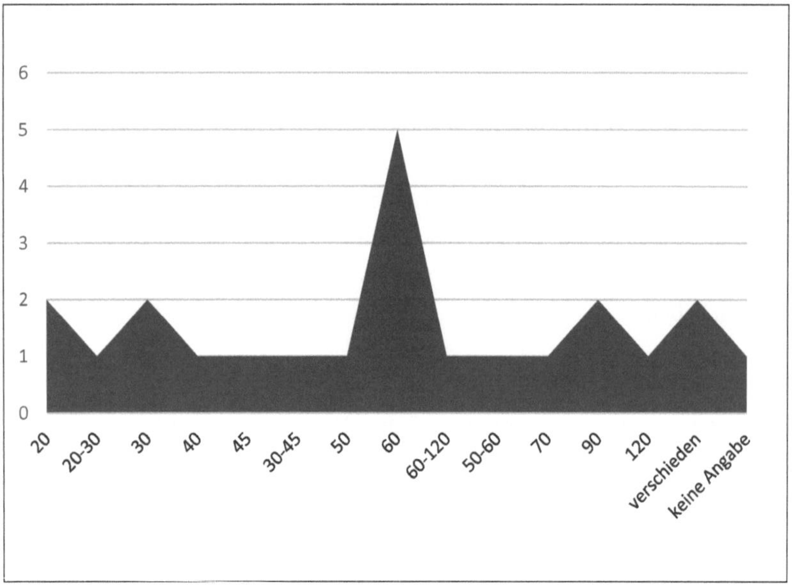

Abb. 4: Wie lange prüfen Sie am Stück?

16 der 23 Befragten[19] (also 69,57 Prozent) geben einen festen Zeitwert an; vier der Befragten führten einen Zeitraum an und zwei machten unterschiedliche Prüfzeiten direkt durch die Angaben „textabhängig“ (B. 3) und „verschieden“ (B. 16) deutlich[20]. Davon ausgehend, dass die Befragten, die einen Wert anstatt eines Zeitraums angegeben haben, tatsächlich immer ungefähr gleich lang prüfen, wäre anzunehmen, dass bei fast 70 Prozent weder der jeweils geprüfte Text noch tagesabhängige Schwankungen in der Konzentrationsfähigkeit Einfluss auf die Prüfdauer haben. Bei den sechs Befragten, die unterschiedlich lange prüfen, *k*önnen Faktoren wie Text oder Aufmerksamkeit relevant sein, zweifelsfrei gibt aber nur die Aussage „textabhängig“ der Befragten 3 Auskunft über die (hauptsächliche) Ursache der Schwankungen.

Eine andere Erklärung wäre die Gruppengröße: Es wäre möglich, dass die Prüfdauer umso länger ist, je mehr Prüferinnen an der Sitzung teilnehmen. Schließlich ist die einzelne umso intensiver gefordert, je weniger Prüferinnen insgesamt anwesend sind. Andererseits ist es so vielleicht auch langweiliger, wodurch die Konzentration schneller abfällt. Genauso plausibel wäre, dass ein „Prüfdialog“ zwischen Moderatorin und Prüferin im Schnitt weniger Zeit in Anspruch nimmt, weil weniger Teilnehmerinnen auch weniger Verständnisschwierigkeiten haben oder Anlässe zu Diskussionen geben und der Prüfprozess somit insgesamt beschleunigt wird. Möglich wäre natürlich auch, dass beides zutrifft und sich gegenseitig ausbremst, womit die Ergebnisse nicht aussagekräftig wären.

Trotz dieser Bedenken soll versucht werden, eine Korrelation zwischen der Gruppengröße und der Prüfdauer anhand der Ergebnisse der Befragung festzustellen. Da nur erfragt wurde, ob die Prüferinnen in der Gruppe, zu zweit mit der Moderatorin oder allein prüfen (siehe 6.2 „Anzahl d. Prüferinnen“) kann zwar kein numerischer Wert ermittelt, aber immerhin eine Unterscheidung zwischen Gruppe oder Nicht-Gruppe getroffen werden. Wie bereits erwähnt, fallen die Angaben zur Prüfdauer sehr unterschiedlich aus mit meist nur einer Befragten pro Zeitangabe. Um die Aussagekraft zu erhöhen, wurde

19 Tatsächlich handelt es sich, wie gesagt, um 22 Befragte, aber eine beantwortet den Fragebogen zweimal, einmal für das Prüfverfahren von Texten, einmal für das Bilderprüfen.

20 Dies macht die Errechnung eines Mittelwerts unmöglich.

die Zeit deshalb in drei Abschnitte eingeteilt: unter 40 Minuten, zwischen 41 und 80 Minuten sowie über 81 Minuten.

Im Ergebnis lässt sich kein Zusammenhang zwischen der Gruppengröße und der Prüfdauer erschließen, meine Hypothese bestätigt sich also nicht: Die zwei Befragten, die 90 Minuten am Stück oder länger prüfen, prüfen sowohl in der Gruppe als auch zu zweit. Im Mittelfeld prüft zwar mit 60 Prozent die Mehrheit in der Gruppe, aber zusammengenommen immerhin 40 Prozent prüfen zumindest teilweise nur zu zweit. Bei den Befragten, die mit unter 40 Minuten am kürzesten prüfen, gibt über die Hälfte an, auch in der Gruppe zu prüfen. Für wirklich verlässliche Ergebnisse wäre also eine größere Stichprobe oder eine direkte Befragung nach den Motiven für die jeweilige Prüfdauer nötig.

Anzahl d. Prüferinnen pro Sitzung und Prüfschleifen

Im Kontext der LS wie auch in dieser Studie ist oft die Rede von Prüf*gruppen*. Auch bei der sozialwissenschaftlichen Teilstudie der Universität Leipzig gab es nur eins von insgesamt elf Prüfbüros, das Einzelprüfungen vornimmt (Bergelt, 2018, S. 171). Die Befragung zeigt allerdings, dass sich 34,78 Prozent teilweise in Einzelsitzungen mit einer Prüferin treffen und immerhin 17,39 Prozent ausschließlich so arbeiten[21]. Auf die Frage, was sie im Laufe der Zeit gelernt oder optimiert hätten, nennen fünf Befragte Aspekte im Zusammenhang mit der Anzahl der Prüferinnen pro Sitzung: Zwei hätten die Form der Einzelsitzungen als uneffektiv verworfen, eine andere Befragte setzt auf eine Kombination: Mittlerweise lasse sie die Prüferinnen die Texte zunächst einzeln prüfen (ohne Beisein der Moderatorin). Die Befragte 22 spricht sich für kleinere Gruppen mit nicht zu vielen Teilnehmenden aus, da sich die Prüferinnen ansonsten zu sehr ablenkten (konkret spricht sie von sechs bis acht statt 15 Prüferinnen).

21 Eine Befragte gibt zwar an, bei der Prüfung selbst nicht dabei zu sein. Aus den anderen Antworten geht aber hervor, dass die Moderatorin bei der Prüfung doch anwesend ist.

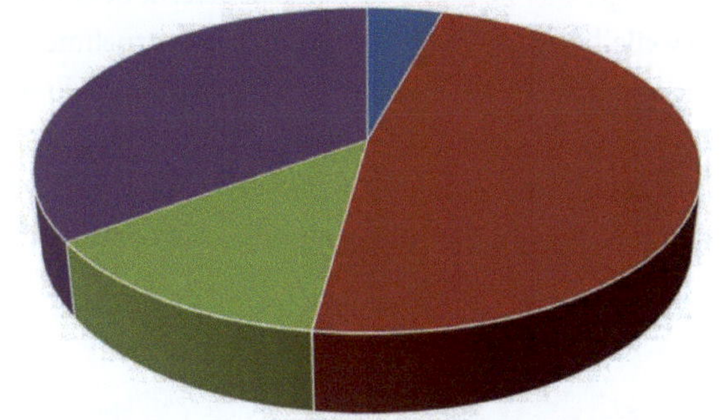

Abb. 5: Arbeiten die Prüferinnen alleine, in der Prüfgruppe, zu zweit mit der Moderatorin oder ist das unterschiedlich?

Auch die Handreichung von Plena Inclusión Madrid (siehe 3) rät zu der oben genannten Kombination aus Einzel- und Gruppenprüfung: Vor dem Treffen in der Gruppe sei es hilfreich, wenn die Prüferinnen den Text zunächst einzeln (mit Unterstützung der Moderatorin) lesen (vgl. Plena Inclusión Madrid, 2018, S. 22). So sei sichergestellt, dass jede Prüferin die Zeit hat, die sie benötigt. Die Handreichung gibt aber noch einen weiteren Tipp für die Einzelprüfung: Damit sich die Prüferinnen den Text bei Bedarf mehrmals anhören könnten, sei es gut, den Text auf Band zu sprechen. So verhindere man, Textstellen in der Gruppe mehrmals lesen zu müssen und beschleunige die Gruppenprüfung (ebd.).

Von allen, die nicht in der Gruppe arbeiten, prüfen ⅓ der Befragten denselben (nicht geprüften) Text zweimal. Die Intention hierfür könnte sein, so auszugleichen, dass durch die Dialogsituation effektiv weniger Prüferinnen den Text prüfen. Die nächste Frage sollte in Erfahrung bringen, wie viele der Befragten mehrere Schleifen mit verschiedenen Versionen desselben Ausgangstexts durchführen, um eingearbeitete Veränderungen erneut zu überprüfen. Wie erwähnt, entspräche dies auch den Empfehlungen der ILSMH (siehe 3). Hierauf schreiben immerhin neun und damit fast 40 Prozent der Befragten, sie nähmen grundsätzlich mehrere Prüfschleifen vor; elf führten nur teilweise mehrere Prüfschleifen durch und drei prüfen generell nur einmal. Die Befragte

2 äußert auf die Frage, was sie im Laufe der Zeit gelernt oder optimiert habe, dass sie mittlerweile bewusst weniger Prüfschleifen vornehme. Offen bleibt, weshalb: Prüft sie mittlerweile effizienter und benötigt deshalb weniger Zeit? Macht sie schon während der Sitzung Vorschläge und verhindert dadurch, erst später Veränderungen vorzunehmen, die dann erneut geprüft werden müssten? Oder beschränkt sich die Optimierung auf Kosten und Zeit?

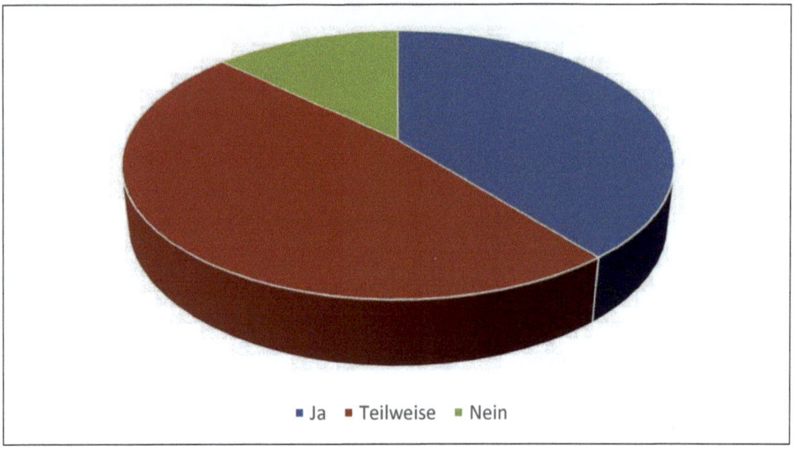

Abb. 6: Prüfen Sie korrigierte Versionen noch einmal?

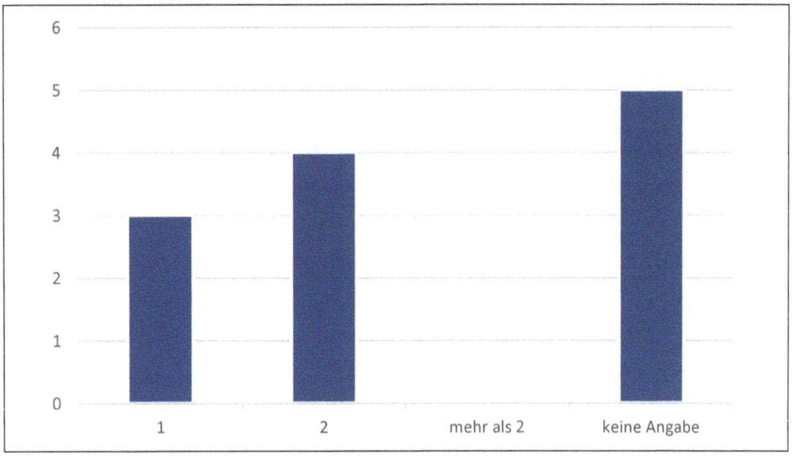

Abb. 7: Bei Einzelprüfungen: Wie viele Durchgänge machen Sie mit derselben Textversion?

Als Grund nennen sieben der Befragten und damit die Mehrheit umfangreiche nachträgliche Veränderungen, die entweder durch die Auftraggeberin oder durch die Übersetzerin vorgenommen wurden. Es wurde zwar nicht gefragt, es scheint aber, dass in diesen Büros Auftraggeberinnen übersetzte Texte zumindest teilweise erst nach der Prüfung zum ersten Mal zu sehen bekommen. Möglich, dass durch eine Umkehrung der Reihenfolge weitere Prüfschleifen verhindert werden würden.

Fünf geben an, durch die Teilnahme von weiteren Prüferinnen eine repräsentativere Bewertung zu erreichen. Eine konkretisiert in dieser Hinsicht, die Moderatorin wähle manchmal für eine zweite Prüfschleife bewusst bestimmte Prüferinnen aus, weil diese bspw. zur exakten Zielgruppe des Textes zählen: „Weitere Prüfer werden themenabhängig hinzugezogen, z. B. wenn es um Inhalte für ältere Menschen oder einen anderen Lebenskontext als bei der Stammgruppe geht" (B. 22). Dies erscheint sinnvoll, ergibt sich die Verständlichkeit eines Textes doch nicht allein aus textinternen Kriterien, sondern entsteht vielmehr durch die Wechselwirkung zwischen Text und Faktoren wie Vorwissen, Erwartungen und Einstellungen der Leserinnen (vgl. Christmann, 2004, S. 34).

Eine andere Befragte führt aus, dass „die Tagesverfassung und die Konzentration schwankend sind und deshalb oft Sachen auch überlesen werden" (B. 15). Vier Befragte schreiben, eine erneute Textprüfung sei teilweise durch eine besonders hohe inhaltliche Komplexität erforderlich. Genauso viele geben an, die Prüferinnen selbst forderten, sich weiter mit einem bestimmten Text befassen zu können. Zwei argumentieren, eine weitere Prüfung sei zur Qualitätssicherung unabdingbar (beide prüfen den gleichen Text grundsätzlich mehrmals). Einmal findet sich die Aussage – wiederum bei einer Befragten, die immer mehrmals prüft –, dass *eine* Prüfsitzung nicht genug Zeit lasse. Hier ist zu vermuten, dass sie unterschiedliche Abschnitte derselben Version eines längeren Textes meint. Gemeint war aber, ob sie veränderte Textstellen erneut prüft.

Es sei gesagt, dass sich die Auswertung auf die tatsächlichen Aussagen der Befragten verlassen muss. Einige Antworten lassen allerdings vermuten, dass bei den Auswahlmöglichkeiten eigentlich eine andere als die angeklickte zutrifft. So gibt die Befragte 13 an, grundsätzlich mehrmals denselben Text zu prüfen, gleichzeitig schreibt sie aber, sie nehme eine weitere Prüfung vor, „[w]enn vom Auftraggeber verlangt".

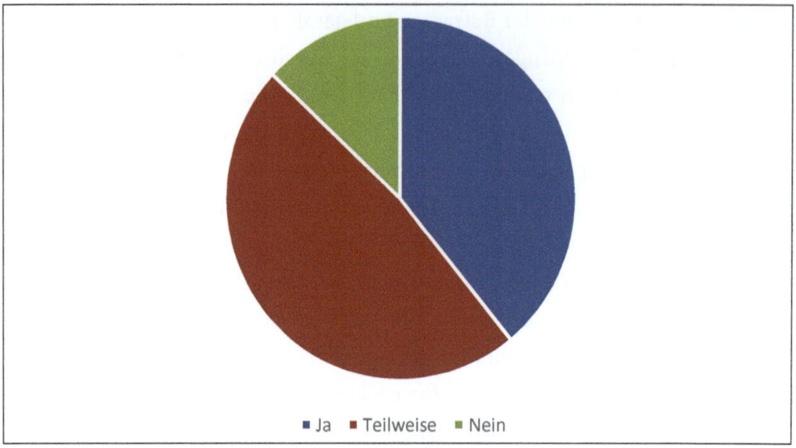

Abb. 8: Prüfen Sie korrigierte Versionen noch einmal?

5.2.2 Moderations- und Prüftechniken

Im folgenden Abschnitt soll herausgearbeitet werden, welche Techniken zur Verständnisüberprüfung angewandt werden, also bspw. welche Fragen gestellt, wie Lösungen erarbeitet und wie die Ergebnisse gesichert werden. Zudem sollen verschiedene Strategien verglichen werden, die die Moderatorinnen anwenden, um mit gruppendynamischen Prozessen umzugehen.

Arbeits- und Lesemodalitäten

Bei den Fragen, ob die Prüferinnen mündlich oder schriftlich arbeiten und laut oder leise lesen, zeigt sich, wie sinnvoll es war, nach dem Testlauf weitere Abstufungen wie „meistens“ und „beides ungefähr gleich viel“ eingefügt zu haben: Bei über 60 Prozent der Prüfprozesse arbeiten die Prüferinnen nur meistens mündlich, und nicht einmal in 40 Prozent der Fälle lesen die Prüferinnen immer auf dieselbe Art. Tendenziell kann gesagt werden, dass die meisten Prüferinnen überwiegend mündlich arbeiten und die Texte selbst vorlesen. Nur in einem Fall ist es die Moderatorin, die die Texte vorliest. Dies macht insofern Sinn, als dass 14 von 22 Befragten[22] bei der Frage, wie sie feststellen, wo ein Text überarbeitet

22 Eine Befragte macht hierzu keine Angabe.

werden muss, aussagen, dass für sie Schwierigkeiten beim Vorlesen ein wichtiger Hinweis auf Lesbarkeits- oder auch Verständnisschwierigkeiten sind. Ein weiteres Argument für das Vorlesen durch die Prüferinnen äußert die Befragte 19 auf die Frage, was sie im Laufe der Zeit gelernt oder optimiert habe: „Die laute Vorlesephase ist erst später dazugekommen, als klar wurde, dass still lesen nicht reicht, um eine gemeinsame Textbasis zu bekommen."

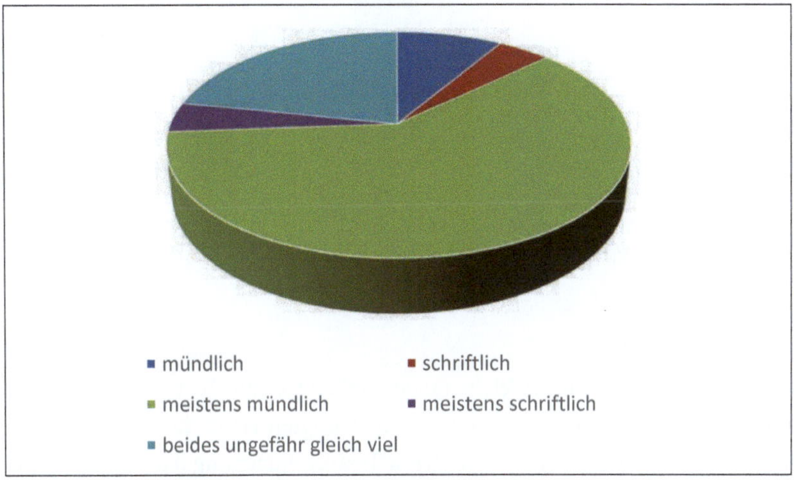

Abb. 9: Arbeiten die Prüferinnen mündlich, schriftlich oder beides?

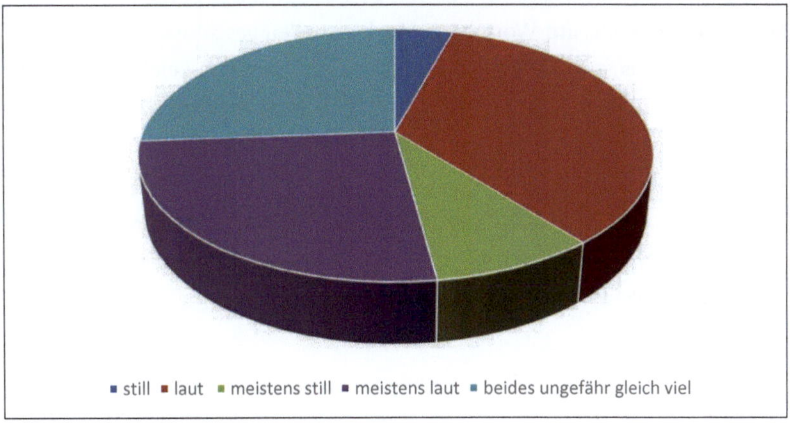

Abb. 10: Lesen die Prüferinnen die Texte still? Oder werden die Texte (auch) laut vorgelesen?

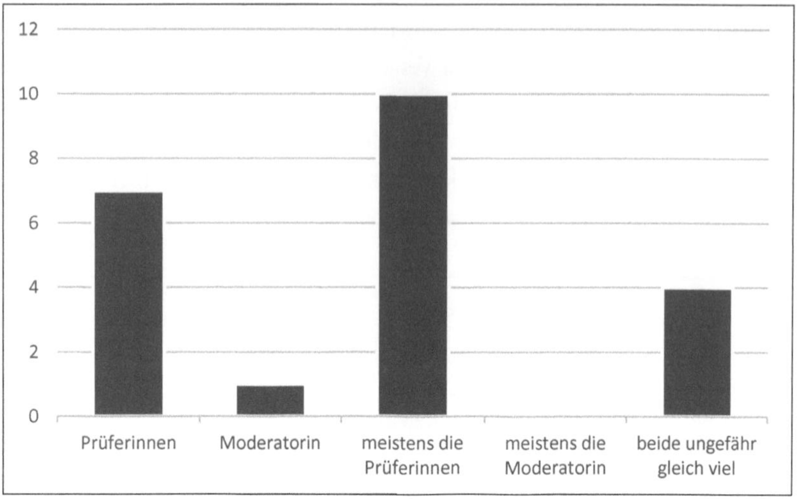

Abb. 11: Wenn die Texte (auch) laut gelesen werden: Wer liest die Texte vor?

Fragestellungen

Die Ergebnisse der Frage „Welche Fragen stellen Sie zum Text?" sind zunächst einmal nicht überraschend: Die meisten Befragten erforschen Verständnisschwierigkeiten bzw. Wege der weiteren Textvereinfachung dadurch, dass sie die Prüferinnen bitten, Abschnitte, Sätze oder Wörter in eigenen Worten wiederzugeben oder zu erläutern – 16 von 23 Befragten auf Textebene, eine auf Satzebene und sechs auf Wortebene. Andere stellen geschlossene Fragen wie „Versteht ihr das so?" (B. 15), „Ist das hier schwere oder Leichte Sprache?" (B. 16) oder „Gibt es zu lange Sätze?" (B. 5), wobei einige angeben, diese mit offenen Fragestellungen, die auf das allgemeine Verständnis abzielen, zu kombinieren. Drei der Befragten versuchen, einen persönlichen Bezug zum Inhalt zu ermitteln. Eine Befragte argumentiert: „Im besten Fall sind keine Fragen nötig, weil die Prüfer selbst fragen und reden" (B. 22), womit die Technik des Lauten Denkens beschrieben wird.

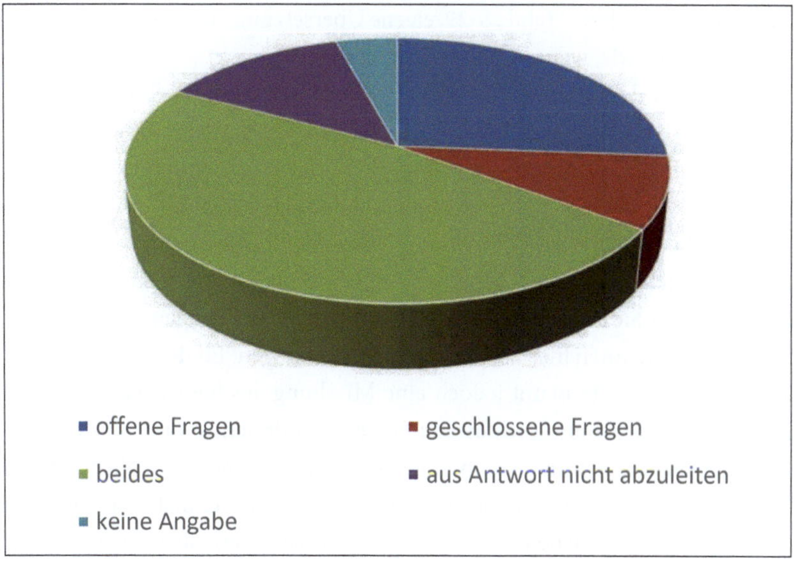

Abb. 12: Welche Fragen stellen Sie zum Text?

Der zweite wichtige Aspekt, nach dem die Moderatorinnen fragen, ist die Lesbarkeit: Zwei Befragte geben an, nach Textmerkmalen wie Schriftgröße, Gliederung, Hervorhebungen einzelner Wörter oder anderen Orientierungshilfen wie Inhaltsverzeichnis, Farben oder Seitenzahlen zu fragen. Vier Befragte erklären, nach der Wortlänge oder Lesbarkeit einzelner Worte zu fragen oder auch zwei Wörter oder Schreibweisen zum Vergleich zu stellen (bspw. mit oder ohne Bindestrich). Des Weiteren sagen fünf aus, die Verständlichkeit von Bildern sowie ihre Relation zum Text mittels Fragen wie „Was ist auf dem Bild?“, „Sind die Bilder gut?“ oder „Passt das Bild zum Text?“ zu überprüfen.

Ergänzend hierzu sei gesagt, dass die Handreichung von Plena Inclusión Madrid dazu rät, Fragen durch eine „Fangfrage“ zu ergänzen, also bewusst falsche Fragen zu stellen, „als Mittel, die Aufmerksamkeit der Prüferinnen zu wecken“ (Plena Inclusión Madrid, 2018, S. 27, eigene Übersetzung). Allerdings sei diese Technik mit Vorsicht und entsprechend dem Verständnis- und Leseniveau der Gruppe vorzunehmen. Darüber hinaus wird angeregt, die

„Journalisten-Technik" (ebd., S. 29, eigene Übersetzung) anzuwenden, also die W-Fragen was, wie, wann, wo und warum zu stellen.

Immerhin drei Befragte geben an, dass sie ihre Fragestellung im Laufe der Zeit verbessert haben. Dies zeugt von der Relevanz der Fragen bei der Feststellung von Verständnisschwierigkeiten. Konkret gibt die Befragte 9 an, heute gezielter nachzufragen, und auch die Befragte 3 hat den Prüfablauf dahingehend optimiert, dass sie keine geschlossenen Fragen mehr stellt. Davon abgesehen stellten zwei der Befragten laut ihrer Antwort auf die Frage „Welche Fragen stellen Sie zum Text?" ausdrücklich nur offene Fragen (B. 14 u. 21). Sechs weitere nennen hier nur Beispiele offener Fragen. Elf der Befragten und damit fast die Hälfte nennt jedoch eine Mischung aus beiden Frageformen; zwei nennen sogar nur geschlossene Fragen (bei dreien ist dies aus der Antwort nicht abzuleiten und eine Befragte macht keine Angaben). Nicht erfragt wurden die Motive oder die persönliche Meinung hinsichtlich der Vor- und Nachteile der angegebenen Fragen bzw. Frageformen, weshalb dies Gegenstand einer zukünftigen Untersuchung sein könnte.

Hinsichtlich der ausdrücklichen Präferenz offener Fragestellungen liefert die Antwort der Befragten 21 auf die Frage, welche Kenntnisse und Fähigkeiten eine Moderatorin benötige, einen Hinweis: „Fähigkeit, offene Fragen und keine Suggestivfragen zu stellen" (B. 21). Folgende Definition von Andreas Patrzek macht deutlich, dass Suggestivfragen zwar geschlossen sind, aber keinesfalls *alle* geschlossenen Fragen auch suggestiv sein müssen: „Bei **suggestiven Fragen** wird deren Antwort (un)bewusst vom Fragenden vorgegeben bzw. fast schon eingefordert. Maßgeblich dafür sind neben der Stimmführung Worte wie ‚doch', ‚etwa', ‚wahrscheinlich'. ‚nicht etwa' etc." (2017, S. 66, Hervorh. im Original) Mögen geschlossene Fragen auch nicht generell suggestiv sein, sie schränken die Antwortmöglichkeiten auf Ja oder Nein ein. Patrzek urteilt deshalb über sie:

> Zudem üben diese Fragen psychologisch einen gewissen Druck aus: Sie „machen den Gesprächspartner zum Befragten". Nicht umsonst nennt man geschlossene Fragen auch Entscheidungsfragen: Denn

> im Vordergrund steht hier nicht die Erlangung spezifischer neuer Informationen, sondern das Herbeiführen konkreter Entscheidung. (2017, S. 14)

Daher rät Patrzek, geschlossene Fragen nur dann, wenn wirklich eine konkrete Entscheidung erzielt werden soll, zu verwenden. Wenn also bspw. im Laufe einer Prüfsitzung verschiedene Alternativen für eine Formulierung erarbeitet worden sind, über die abgestimmt werden soll. Völlig ausgeschlossen werden können geschlossene Fragen somit nicht – zumal vier Befragte die Prüferinnen ausdrücklich zur Lösungsfindung abstimmen lassen (siehe unten im Abschnitt „Lösungsfindung"). Gleichzeitig vertritt Patrzek die Meinung, dass die meisten Menschen ohne ein spezielles Training ca. 80 Prozent ihrer Fragen geschlossen formulieren (vgl. ebd., S. 16). Dies spricht für die bewusste Verwendung offener Fragestellungen bzw. sogar einer Schulung in dieser Kommunikationstechnik.

Lösungsfindung

Die Fragen „Wie stellen Sie fest, wo der Text überarbeitet werden muss?", „Wie identifizieren Sie Verständnisschwierigkeiten?" und „Wie erarbeiten Sie Lösungen für Verständnisschwierigkeiten im Text?" erfragen ähnliche Aspekte, sind offensichtlich im Wortlaut sogar zu ähnlich formuliert, denn viele Befragte geben auf alle drei sehr ähnliche Antworten bzw. vermischen Aspekte der Lösungsfindung für Verständnisprobleme mit Handlungen oder Kennzeichen als Teil der Problemanalyse. Daher wurden alle drei Fragen zusammen ausgewertet.

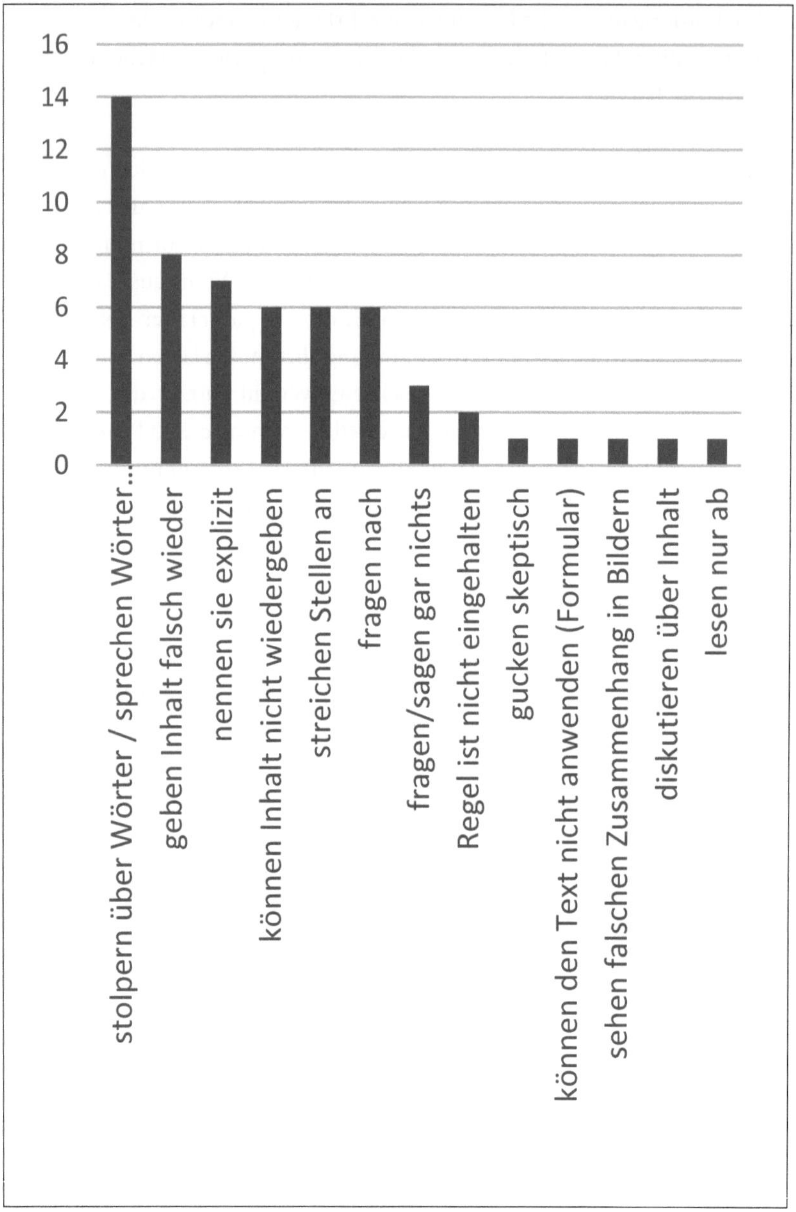

Abb. 13: Wie stellen Sie fest, wo der Text überarbeitet werden muss? / Wie identifizieren Sie Verständnisschwierigkeiten? / ...

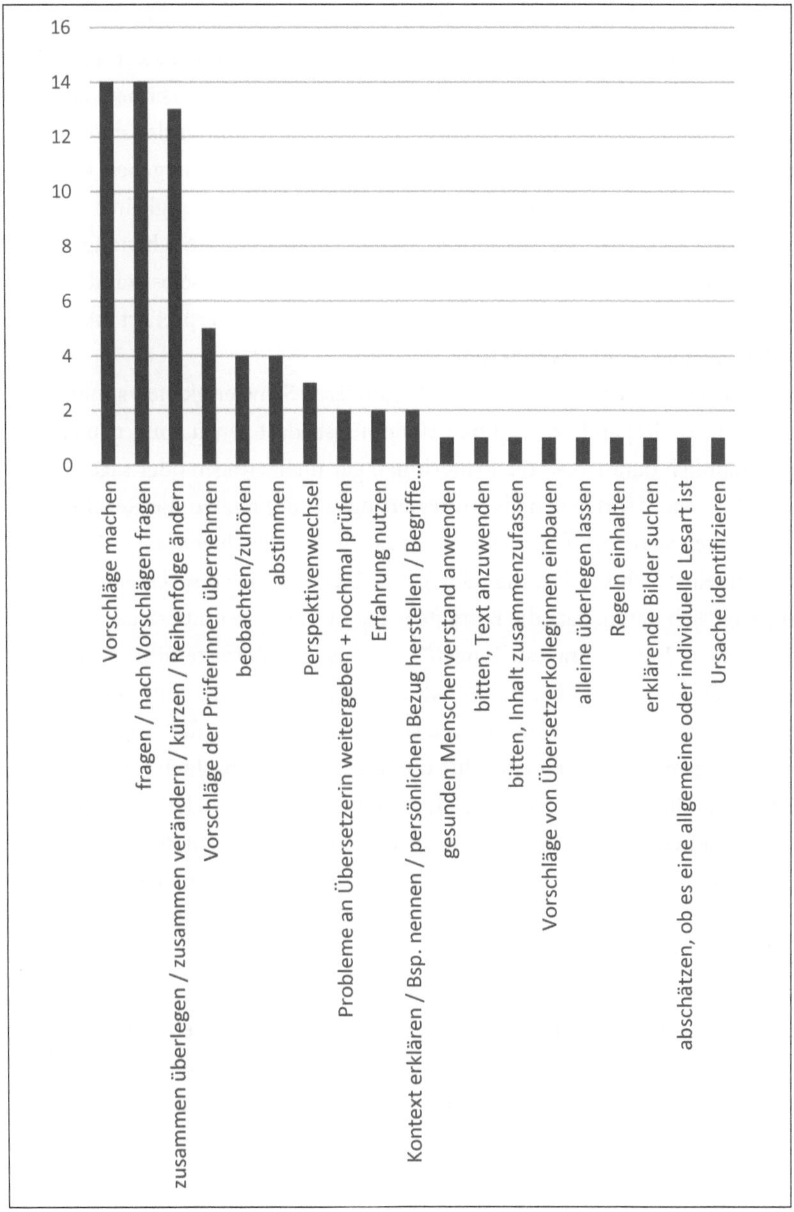

… Wie erarbeiten Sie Lösungen für Verständnisschwierigkeiten im Text?

14 der Moderatorinnen stimmen darin überein, Verbesserungen dort vorzunehmen, wo Prüferinnen beim Lesen stocken. Am zweithäufigsten (acht Befragte) geben sie an, Verständnisschwierigkeiten daran zu erkennen, dass die Prüferinnen den Inhalt falsch wiedergeben, und sechs führen als Kennzeichen an, dass die Prüferinnen den Inhalt überhaupt nicht wiedergeben können. Sieben Befragte schreiben, die Prüferinnen würden Schwierigkeiten explizit benennen. Genauso viele berufen sich auf die Markierungen schwieriger Stellen durch die Prüferinnen, obgleich andere angeben, das selbstständige Anstreichen abgeschafft zu haben, weil es unterschiedlich interpretiert und damit nicht aussagekräftig gewesen sei.

Wiederum sechs der Befragten identifizieren Schwierigkeiten anhand der Rückfragen, drei andere erkennen Handlungsbedarf genau am gegenteiligen Fall, nämlich daran, dass die Prüferinnen gar nichts fragen oder sagen. Zwei streichen auch Textstellen als verbesserungswürdig an, wo die Regeln nicht eingehalten werden. Offen bleibt, ob dies auch dann geschieht, wenn die Prüferinnen selbst nichts zu beanstanden haben. Dass dies ein entscheidender Punkt ist, zeigt sich daran, dass die Befragte 9 angibt, sie frage mittlerweile gezielter nach (siehe Punkt „Fragestellungen"). Jeweils eine Befragte führt skeptische Blicke, Diskussionen über den Inhalt oder reines Ablesen, ohne Abstraktion des Inhalts, als weitere Hinweise an. Dazu passt, dass vier der Befragten Verbesserungsmöglichkeiten zunächst durch genaues Beobachten und Zuhören erkennen, und die Befragte 3 angibt, mit der Zeit gelernt zu haben, reines Ablesen dadurch zu vermeiden, dass sie Prüferinnen zum freien Reden ermutige.

Insgesamt gesehen ist den Befragten bei der Frage „Wie erarbeiten Sie Lösungen für Verständnisschwierigkeiten im Text?" die Zusammenarbeit mit den Prüferinnen am wichtigsten. So antworteten 14 der Befragten, sie würden die Prüferinnen nach eigenen Vorschlägen fragen; 13 würden gemeinsam Lösungen erarbeiten, eine lasse die Prüferinnen alleine überlegen, und fünf schreiben, sie übernähmen die Vorschläge der Prüferinnen. 14 Befragte finden Lösungen, indem sie selbst Vorschläge machen. Vier Befragte lassen darüber abstimmen, welche Option die Mehrheit der Prüferinnen bevorzugt. Die Befragte 6 hingegen spricht sich bezüglich des Abstimmens ausdrücklich gegen eine solche Mehrheitsentscheidung aus: „Der Vorschlag, der von ALLEN für gut befunden wird, geht in die Endfassung." Dem widerspricht eine andere

Befragte mit der Aussage, sie versuche abzuschätzen, „ob es eine allgemeine oder individuell spezielle Lesart sein könnte" (B. 22): Diese Herangehensweise lässt darauf schließen, dass die (missverstandene) Deutung eines Einzelnen *nicht* immer zu Korrekturen führt. Die Befragte 2 gibt an, sie habe in Bezug auf die Lösungsfindung mit der Zeit gelernt, immer einen Originaltext mit in die Prüfsitzung zu nehmen.

Zwei Moderatorinnen geben Verständnis- oder Leseschwierigkeiten ohne Lösungsvorschläge an die Übersetzerin weiter – eine als letztes Mittel, die andere generell. Die Übersetzerin überarbeite dann die Texte, wonach diese ein weiteres Mal geprüft werden. Mehrere der Befragten verstehen den Prozess der Lösungsfindung als Teil des Identifizierens von Verständnisschwierigkeiten: Drei decken Probleme auf, indem sie erreichen, dass sich die Prüferinnen in andere Menschen mit Lernschwierigkeiten hineindenken. Dies könnte konkret so aussehen, dass die Moderatorin den Prüferinnen sagt: „Für Sie/euch ist alles klar. Aber verstehen das auch alle anderen?". Oder, wie es zwei Befragte bei späteren Fragen formulieren: „Können das alle in eurer Wohngruppe verstehen?" (B. 15); „Ist der Text auch für deinen Arbeitskollegen in der WfBM[23] verständlich, der weniger gut lesen kann?" (B. 5). Eine bittet die Prüferinnen, den Text anzuwenden; eine andere, ihn zusammenzufassen. Andere beschreiben bei dieser Frage Schritte der Textüberarbeitung, die sie als Übersetzerin vornehmen (Vorschläge von Übersetzerkolleginnen einbauen, erklärende Bilder suchen, Beispiele einfügen, Begriffe genauer definieren oder persönlichen Bezug einbauen).

Ergebnissicherung

Wie halten die Moderatorinnen die Ergebnisse der Prüfsitzungen fest? Die Antworten ergeben, dass bei etwas mehr als der Hälfte der Befragten die Moderatorin die Prüfergebnisse allein festhält, bei neun Befragten tun dies die Moderatorin und die Prüferinnen, und nur in zwei Fällen ausschließlich die Prüferinnen.

23 Abkürzung für Werkstatt für behinderte Menschen.

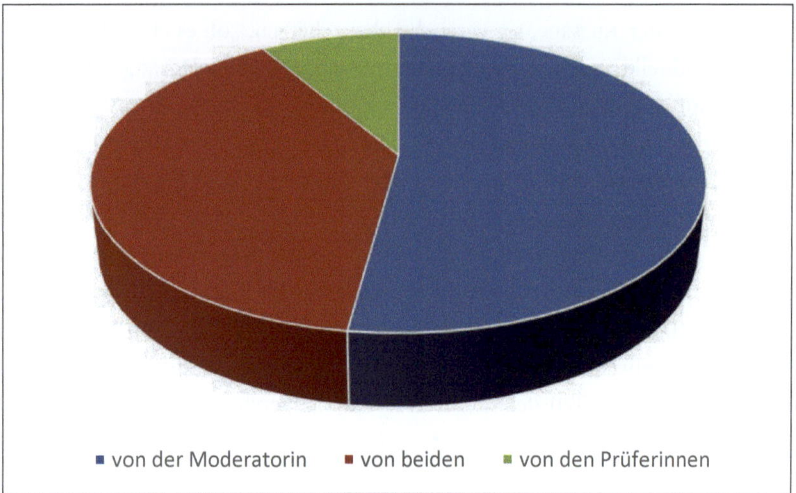

Abb. 14: Wer hält die Prüfergebnisse fest?

In einem der Fälle, in denen die Moderatorin die Ergebnisse nicht selbst festhält, geschehe die Sicherung in Form eines „Prüfernachweises" – dies wird nicht weiter spezifiziert. Im anderen Fall bewahrt jede Prüferin ihre Ergebnisse in einer eigenen Mappe auf, wobei nicht klar wird, welche Ergebnisse an die Auftraggeberin weitergegeben werden. Bei fünf Befragten halten die Prüferinnen Ergebnisse anhand von farbigen Markierungen schwieriger Textstellen fest (in vier Fällen davon ausschließlich); eine Befragte arbeitet selbst auch mit Markierungen, allerdings in Kombination mit eigenen Notizen im Text. Es ist anzunehmen, dass die Prüferinnen ihre Ergebnisse für sich selbst aufbewahren, die Auftraggeberinnen aber auch hier nur eine Zusammenfassung der Moderatorin erhalten.

Zur Form allgemein sei gesagt, dass die große Mehrheit die Ergebnisse handschriftlich festhält[24]. Vier der Befragten geben an, die Ergebnisse am PC

24 Da dies den Rahmen der Umfrage gesprengt hätte, mussten viele Fragen außen vor bleiben. Zum Beispiel die Frage, wie viele der Befragten für externe Auftraggeber prüfen und in welchem Umfang. Diese hätte in diesem Zusammenhang wiederum zu der Frage geführt, ob die Ergebnisse bei externen Prüfungen noch einmal für die Auftraggeberinnen abgetippt oder direkt eingescannt bzw. als Original verschickt werden.

zu sichern. In keinem Fall arbeiten die Prüferinnen selbst mit dem Computer. Im Gegensatz dazu sieht die bereits mehrfach erwähnte spanische Handreichung einen PC mit Internetzugang als notwendige Grundausstattung für die Prüfsitzungen an. Auch verschiedene Nachschlagewerke wie Synonym- oder Fremdwörterbücher oder Enzyklopädien seien notwendig. Zudem sei ein Beamer bzw. Bildschirm sinnvoll, um Vorschläge direkt zu visualisieren und so besser bewerten zu können (Plena Inclusión Madrid, 2018, S. 22).

Bei der handschriftlichen Ergebnissicherung arbeiten acht Befragte mit Notizen im Text, vier erstellen ein Protokoll und drei schreiben extra Notizen; drei machen keine genaueren Angaben. Davon abgesehen visualisieren drei der Befragten die Ergebnisse bzw. Vorschläge während der Prüfsitzung, damit die Prüferinnen sie nachvollziehen können. Zwei tun dies mittels Beamer, und eine arbeitet mit einem Whiteboard.

Gruppendynamische Prozesse

Die qualitative Frage „Wie erreichen Sie, dass jede Prüferin ihre Meinung sagt?" betrifft ein typisches Problem bei der Arbeit mit Gruppen: Es gibt forschere und zurückhaltendere Menschen. Es kann notwendig sein, dass die Moderatorin einige Prüferinnen bremst, damit andere auch zum Zuge kommen. Gerade bei der Prüfung von Texten in LS, bei denen es darum geht, vor anderen einzugestehen, dass man etwas nicht versteht, ist eine gute Vertrauensbasis und ein entspanntes Gruppengefühl wichtig. In diesem Sinne antwortet eine Befragte, dass sie eine „[v]ertraute Arbeitsatmosphäre" (B. 12) schaffe. Die Tatsache, dass nur eine der Befragten keine Angabe zu dieser Frage macht und nicht mehr als eine weitere angibt, die Prüferinnen äußerten sich „meist ohne weitere Aufforderung zum Text" (B. 11), lässt darauf schließen, dass dies für die meisten ein relevanter Aspekt zu sein scheint.

Fast 82 Prozent der Befragten erreichen eine ausgewogene Gruppendynamik mithilfe direkter Aufforderungen, gezielter Nachfragen bzw. Ermutigungen einzelner Prüferinnen. Eine führt aus, durch das Ermutigen das Selbstvertrauen der Prüferinnen zu stärken. Zwei Befragte erreichen eine Vertrauensbasis unter den Prüferinnen, indem sie nach Möglichkeit mit einer festen Gruppe arbeitet. Die Kehrseite könnte sein, dass sich diese Prüferinnen bei häufiger Prüfung ähnlicher Themenfelder „zu gut" in diesem Bereich auskennen, um noch repräsentativ für die Zielgruppe der Menschen mit Lernschwierigkeiten zu sein. Bei diesen Prüferinnen kann helfen, sie aufzufordern, sich in jemand anders hineinzuversetzen – eine Strategie, die bereits im Abschnitt zur Lösungsfindung erwähnt wurde. Die Moderatorin könnte also bspw. fragen: „Ist der Text auch für deinen Arbeitskollegen in der WfBM verständlich, der weniger gut lesen kann?“ (B. 5). Auch die Befragte 16 nennt diese Technik, und zwar allgemein, um die Prüferinnen zum Reden zu bringen: „Pers. Meinung n. ausreichend: Perspektivenübernahme zu potentiellen Lesern nötig.“

Drei Befragte geben an, dass es grundsätzlich wichtig sei, immer mal wieder auf die Relevanz der Textprüfung und damit auf die wichtige Rolle der Prüferinnen einzugehen, um so mögliche Skrupel, das eigene Unverständnis zuzugeben, abzubauen. Zwei der Befragten bringen vor, an „individuelle Erfahrungen“ (B. 22) anzuknüpfen, um so jeden zum Reden zu bringen. Eine Befragte bemüht sich „um gemeinsame Gespräche“ (B. 17); vier der Befragten unterstreichen, wie wichtig es ist, den Prüferinnen viel Zeit zu lassen. Die Befragte 1 formuliert es so: „Viel Zeit lassen, Pausen auszuhalten“, womit gemeint ist, die Pausen nicht mit eigenen Worten zu füllen. Um auch langsameren Prüferinnen die Zeit zu geben, die sie benötigen, und gleichzeitig zu verhindern, dass sich andere Prüferinnen langweilen und dadurch geistig „abschalten“, schicke eine Befragte den Prüferinnen die Texte „[i]m Vorfeld“ (B. 8). Eine andere Befragte wiederum setzt auf „[n]icht zu große Gruppen (max. 3 Prüfer)“ (B. 19), damit sich im Prüfprozess niemand übergangen fühlt.

Zwei Befragte sagen aus, der Reihe nach alle Prüferinnen zu Wort kommen zu lassen, wodurch automatisch niemand zu kurz komme. In eine ähnliche Richtung geht die Technik der Befragten 6, mit einem „Sprechstein“[25] zu arbeiten, „damit Jede/r ungestört seine Meinung sagt. Der Stein wird an Jede/n weitergereicht“. Dieser Zielsetzung entspricht auch die Aussage, auf „die Redeanteile innerhalb der Gruppe“ (B. 2) zu achten. Eine Befragte gibt an, (vorläufige) Ergebnisse auch bei scheinbarem Konsens der Gruppe weiter infrage zu stellen, um weitere Meinungen „herauszukitzeln“. Eine andere befragt zunächst „Leistungsschwächere“ (B. 18) bzw. nehme erst eine „Einzelbesprechung“ (ebd.) vor. Wichtig für ein gutes Gruppengefühl sei auch, niemanden

25 Es darf nur diejenige sprechen, die den Sprechstein in der Hand hält.

zu über- oder unterfordern (B. 10), eine Fähigkeit, die die Befragte 10 mit wachsender Erfahrung verbessert habe.

Eine der Befragten nutzt offensichtlich Methodik- und Didaktikkenntnisse: Sie nehme einen situativen Methodenwechsel vor, „um die Aufmerksamkeit von einzelnen wieder auf die Gruppe [zu] lenken" (B. 22). Die freie Diskussion ersetze sie in diesen Momenten durch „Abstimmung oder ‚Blitzlicht'"[26] (ebd.). Auch eine andere Befragte nennt das Mittel der Abstimmung, allerdings geheim. Voraussetzung ist dabei allerdings, dass in dieser Prüfgruppe alle selbst schreiben können.

5.2.3 Qualitätssicherung

Es gibt zwar Ansätze zur Qualitätssicherung unter den Anbieterinnen von LS-Produkten. Es fehlt aber diesbezüglich an transparenten, allgemein anerkannten Standards. Zwei Befragte sehen bspw. eine zweite Prüfschleife als notwendiges Kriterium zur Qualitätssicherung. Die Befragung ergab allerdings auch, dass knapp 14 Prozent der Büros grundsätzlich auf die von der ILSMH empfohlene zweite Prüfrunde verzichtet – die meisten wahrscheinlich eher aus Kosten- oder Zeitgründen denn aus Überzeugung – und etwas weniger als die Hälfte eine zweite Runde meistens, aber nicht grundsätzlich durchführt. Eine Befragte nimmt mittlerweile ausdrücklich weniger Prüfschleifen vor und versteht das als Zeichen der Arbeitsoptimierung (siehe 5.2.1 „Anzahl d. Prüferinnen pro Sitzung und Prüfschleifen").

Ein weiteres Qualitätskriterium könnte das Moderieren der Prüfsitzung durch eine andere Person als die Verfasserin des zu prüfenden Textes sein. In diesem Fragebogen wurde zwar nur erfragt, ob die Moderatorinnen auch als Übersetzerinnen tätig sind und nicht, ob sie die Autorinnen der Texte sind, die sie prüfen. Vier Befragte gaben aber auf die Frage, wie sie eine objektive und neutrale Moderation sicherstellten, an, sie ließen die Texte nach Möglichkeit von jemand anderem prüfen (siehe 5.1.2 unter „Neutralität und Objektivität"). Dies entspricht auch dem Vier-Augen-Prinzip, das die Qualitätsnorm

26 Jede Prüferin äußert sich kurz – mit einem oder wenigen Sätzen – zu einer bestimmten Textstelle.

ISO 17100 vorschreibt. Gleichzeitig ist es sinnvoll, dass diese Moderatorin trotzdem auch als Übersetzerin tätig ist, denn die Hälfte der Befragten gibt an, die eigenen übersetzerischen Kompetenzen durch das Prüfen und die damit verbundene steigende Vertrautheit mit der Lebenswelt und Denkweise von Menschen mit Lernschwierigkeiten zu verbessern (siehe 5.1.4).

Gegen das Prüfen der Texte durch eine Person, die nicht die Verfasserin ist, spricht, dass einige die Prüfsitzungen als wertvolle Möglichkeit beschreiben, den eigenen Text zu überarbeiten. So hätten sie bspw. bei Formulierungen, bei denen sie bereits beim Erstellen des Textes unsicher waren, oftmals Alternativen im Kopf. Diese könnten sie aber nur dann direkt mit den Prüferinnen besprechen, wenn sie selbst anwesend seien (B. 21). Dies ist nur möglich, wenn die Moderatorin auch die Verfasserin ist. In diesem Fall kann das Vier-Augen-Prinzip höchstens mithilfe eines Korrekturlesens durch eine weitere LS-Expertin ohne Lernschwierigkeiten erreicht werden.

An anderer Stelle machte die Befragung deutlich, dass es in einigen Fällen zu qualitativen Unterschieden im Prüfprozess kommt, je nachdem, ob diese für das eigene Büro oder in Form einer Auftragsarbeit – gemeint sind extern übersetzte Texte – erledigt wird: Zwei Befragte machen bei Auftragsarbeiten ausdrücklich keine Verbesserungsvorschläge. Das bedeutet, dass die externen Übersetzerinnen in diesen Fällen zwar als Dienstleistung ein Prüfprotokoll mit Informationen zu Verständnisschwierigkeiten bekommen, sich jedoch selbst überlegen müssen, wie sie problematische Stellen einfacher ausdrücken. Die Befragte 21 erläuterte allerdings, dass sie eigene Ideen zur Vereinfachung zu dem Feedback hinzufügt. Beide geben an, dass es praktisch nicht vorkomme, dass eine externe Übersetzerin einen Text nach eigener Überarbeitung ein zweites Mal zum Prüfen schicke.

Zusammenfassend spricht somit gegen eine Prüfung in Form einer Auftragsarbeit, dass diese im Ergebnis oberflächlicher ausfallen kann. Darüber hinaus entfällt der Erfahrungswert durch den Kontakt mit der Zielgruppe. Soll aber trotzdem das Vier-Augen-Prinzip gewahrt und die Prüfung durch eine Übersetzerin vorgenommen werden, bedeutet das, dass in den Büros mehrere Übersetzerinnen tätig sein müssen – was in der Praxis oft nicht der Fall ist. Vielen Büros wird also nur eine weitmögliche Annäherung an einen qualitativen Idealzustand bleiben.

6 Zusammenhang zwischen Berufsprofil und Prüfprozess

Im Folgenden soll untersucht werden, ob die in 5.1.1 festgestellten unterschiedlichen Berufsprofile der Moderatorinnen – Menschen aus sozialen Berufen, Sprachwissenschaftlerinnen und Menschen mit anderer Ausbildung – auch zu Unterschieden in der Arbeitsweise mit den Prüferinnen führen. Zu diesem Zweck soll überprüft werden, ob es Korrelationen zwischen dem Profil und den in 5.2 analysierten Parametern des Prüfprozesses gibt. Hinsichtlich der Ergebnisse sind die bereits erwähnten Einschränkungen durch fehlende statistische Bestätigung, nicht eindeutige Profile und kleine Stichproben unterschiedlicher Größe zu berücksichtigen.

6.1 Dauer der Prüfsitzungen

Die Sprachwissenschaftlerinnen (56,25 Minuten) und die Menschen aus sozialen Berufen (53,5 bis 54,2 Minuten) prüfen zwar im Durchschnitt fast gleichlang, erstere liegen aber mit dreimal 60 Minuten mehr im Mittelfeld, während die Menschen aus sozialen Berufen sehr unterschiedliche Werte abgeben, mit besonders vielen Antworten in den Extrembereichen 20 bis 30 und 80 bis 120 Minuten. Die Gruppe der Menschen mit anderer Ausbildung liegt zwar mit 46,7 bis 55 Minuten deutlich unter den beiden anderen, ist aber mit drei Befragten gleichzeitig so klein, dass dadurch keine eindeutige Tendenz festgestellt werden kann.

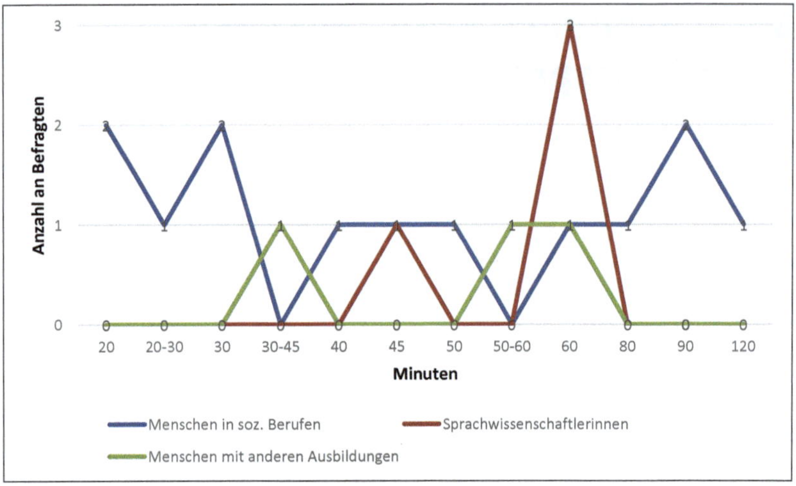

Abb. 15: Prüfdauer je nach Ausbildung d. Moderatorin

Wenn die These zuträfe, dass es eine Entwicklung hin zu mehr Sprachwissenschaftlerinnen auf dem Markt der Prüfmoderatorinnen gibt, dann wäre anzunehmen, dass die Sprachwissenschaftlerinnen im Schnitt weniger lange als Prüfmoderatorin tätig sind als die Menschen aus sozialen Berufen. Dies könnte wiederum zu einem stärkeren Bedürfnis nach festen Abläufen und Strukturen führen. Um dies mit Sicherheit sagen zu können, müsste aber zum einen explizit nach den Gründen für die Prüfdauer gefragt werden und zum anderen eine empirische Validierung vorgenommen werden.

6.2 Anzahl an Prüferinnen

Während die Mehrheit der Sprachwissenschaftlerinnen und alle drei Befragten mit anderer Ausbildung ausschließlich mit einer Prüf*gruppe* arbeiten, fächern sich auch bei dieser Antwort die Angaben der Menschen aus sozialen Berufen auf die verschiedenen Modalitäten auf. So geben 7 Befragte und damit die Hälfte dieser Gruppe an, es sei unterschiedlich, ob sie in der Prüfgruppe arbeiten oder nicht; 28,57 Prozent treffen sich immer mit einer Prüfgruppe und 21,43 Prozent immer mit einer Prüferin allein. Wie für die Korrelation mit der Prüfdauer könnten sich die Unterschiede auch hier mit einer geringeren Berufserfahrung der Sprachwissenschaftlerinnen und einem damit verbundenen Bedürfnis nach mehr Struktur erklären, wobei dies, wie gesagt, ohne empirische Validierung nur eine Vermutung sein kann.

6.3 Arbeitsmodalität und Ergebnissicherung

In allen drei Gruppen arbeiten die Prüferinnen überwiegend mündlich (siehe 5.2.2 unter „Arbeits- und Lesemodalitäten"). Ausschließlich schriftlich arbeiten die Prüferinnen aber nur bei zwei Befragten aus sozialen Berufen. Auch bei der Ergebnissicherung ist dies so: Bei der Hälfte der Sprachwissenschaftlerinnen halten sowohl die Prüferinnen als auch die Moderatorin die Prüfergebnisse fest. Bei den Befragten aus sozialen Berufen sind es mit fünf zwar nur 21,43 Prozent, die so arbeitet, dafür gibt es aber wiederum drei Befragte dieser Gruppe, bei denen ausschließlich die Prüferinnen dies übernehmen. Dies ist so, obwohl vier Befragte (nicht dieselben) bei anderen Fragen angeben, sich gegen das selbstständige Markieren schwieriger Textstellen durch die Prüferinnen entschieden zu haben, da sich dies als nicht zielführend erwiesen habe.

Für diese Ergebnisse wären zwei Begründungen denkbar: Sie könnten darauf hindeuten, dass die Moderatorinnen aus sozialen Berufen den Prüferinnen tendenziell mehr zutrauen und den Grundsatz, die Prüferinnen als Expertinnen ernst zu nehmen, stringenter umsetzen. Genauso möglich wäre aber auch, dass die doppelte Notizenführung durch ein größeres Bedürfnis nach Qualitätssicherung begründet ist.

6.4 Schulungen

13 der 22 Befragten führen an, eine Schulung im Bereich LS erhalten zu haben. Hierzu zählen sowohl umfassende Qualifizierungen wie die des Lebenshilfe Landesverbands Hessen (siehe 3.1) als auch punktuelle Seminare oder die Assistenz bei einer an Prüferinnen gerichteten Schulung. Bei den Menschen aus

sozialen Berufen sind es neun von 14, bei den Sprachwissenschaftlerinnen drei von fünf und bei den Befragten mit anderen Abschlüssen eine von dreien. Damit sind in diesem Punkt keine wesentlichen Unterschiede zwischen den drei Gruppen festzustellen.

Insgesamt gesehen bedeutet dieses Ergebnis im Umkehrschluss auch, dass 40,10 Prozent der Befragten keine Fortbildung zu LS oder Prüfen besucht hat. Gleichzeitig vertritt allerdings die Gesamtheit der ersten beiden Gruppen die Ansicht, dass Moderatorinnen generell eine Schulung oder zumindest Einweisung erhalten sollten. Von den drei Befragten mit anderen Ausbildungsformen halten zwei dies für nicht notwendig, wobei eine davon gleichzeitig angibt, sie habe zwar selbst keine Schulung besucht, mittlerweile sei dies in ihrem Büro aber üblich: „Als ich mit der Leichten Sprache begonnen habe, gab es solche Schulungen noch nicht. Meine Mitarbeiterinnen haben alle eine Schulung ‚Zusammenarbeit mit Prüfgruppen' besucht" (B. 11).

7 Kompetenzmodell für Moderatorinnen

Aus den Antworten der Befragten kristallisieren sich verschiedene Kompetenzen heraus, die in drei Kompetenzbereiche gegliedert werden können:

- Sozialkompetenz
- Handlungskompetenz
- fachlich-methodische Kompetenz

Besondere Bedeutung messen die Befragten dabei der Sozialkompetenz bei. So sei ein gutes Einfühlungsvermögen erforderlich, um unausgesprochene Schwierigkeiten zu erspüren, das Befinden der Prüferinnen wahrzunehmen und niemanden zu unter- oder überfordern. Eine weitere entscheidende Sozialkompetenz ist Geduld, was beispielsweise bedeutet, Stille auszuhalten und sich an das langsamere Tempo der Prüferinnen anzupassen. Die dritte herausgearbeitete Sozialkompetenz ist Neutralität, gemeint als Fähigkeit, die Prüferinnen nicht zu beeinflussen.

Handlungskompetenz betrifft in erster Linie pädagogische und kommunikative sowie organisatorische Kompetenzen. Pädagogische Kompetenzen bezieht sich beispielsweise auf die Fähigkeit, die Gruppe anzuleiten sowie für Abwechslung zu sorgen, um die Konzentration der Prüferinnen aufrecht zu halten. Kommunikative Kompetenzen gehen Hand in Hand mit den pädagogischen Kompetenzen, ist doch in erster Linie gemeint, das Gruppengespräch anzuleiten. Auch organisatorische Kompetenzen sind nötig, beispielsweise, um bei der Terminfindung mit den Prüferinnen auch den oft straffen Zeitplan der Übersetzungsdienstleistung als Ganze im Blick zu haben. Die Moderatorin bildet also das Bindeglied zwischen Prüferinnen auf der einen und Auftraggeberin auf der anderen Seite.

Der letzte Bereich betrifft die fachlich-methodische Kompetenz. So sind neben Zielgruppenkenntnissen auch sprachliche Kenntnisse erforderlich. Dies bezieht sich sowohl auf die Fähigkeit, Inhalte leicht verständlich zu formulieren, als auch generell auf ein ausgeprägtes Sprachgefühl und gute Beherrschung der deutschen Sprache. Genauso entscheidend sind sachbezogene Kompetenzen, also, dass sich die Moderatorin gut mit den teilweise komplexen Inhalten der (Ausgangs-)Texte auskennt, um beurteilen zu können, ob Texte sachlich richtig sind.

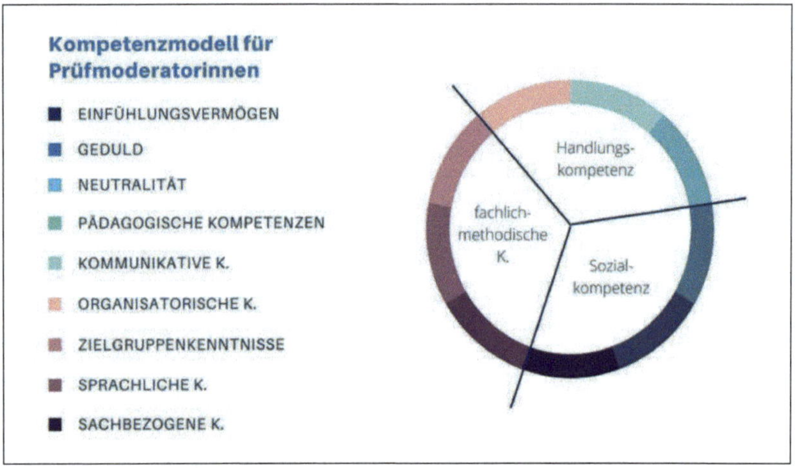

Abb. 16: Kompetenzmodell für Prüfmoderatorinnen

8 Empfehlungen für eine Moderatorinnenschulung

Bislang gibt es nur wenige Schulungen im Bereich LS, die sich explizit mit Aspekten des Prüfens beschäftigen (siehe 3.1). Auch konkrete Empfehlungen für Moderatorinnen, die frei zugänglich sind, finden sich kaum. Eine Ausnahme stellt der in 3 vorgestellte „Lehrplan" dar. In diesem heißt es allerdings ausdrücklich, Moderatorinnen sollten durch Ausprobieren verschiedener Methoden die für sie geeignetste ermitteln. Es stellt sich aber die Frage, ob und wie stattdessen allgemeingültige Qualitätskriterien erreicht werden können, die auch eine Grundlage für Schulungen darstellen könnten.

Die Befragung für diese Studie hat ergeben, dass sich die Arbeitsweisen der verschiedenen Anbieterinnen von Texten in LS erheblich unterscheiden. Zudem führen 40,10 Prozent der Befragten keinerlei Fortbildung im Bereich LS an, obwohl eine klare Mehrheit von 90,91 Prozent zumindest irgendeine Form der Einweisung als generell notwendig erachtet (siehe 6.4). Wie bereits in 5.1.1 erwähnt, gibt mit sieben Befragten etwas über die Hälfte derjenigen, die eine Fortbildung durchlaufen haben, ein Schulungsangebot an, das sich (auch) mit dem Prüfprozess beschäftigt: Drei Befragte nennen die Fortbildungsreihe des Lebenshilfe Landesverband Hessen e.V. und vier schreiben, an einer Schulung für Prüferinnen teilgenommen zu haben – also an einer Schulung, die sich nicht an sie selbst, sondern an die Prüferinnen richtet. Diese Schulungen sind insofern auch für die Moderatorinnen relevant, als dass in ihnen wichtige Aspekte des Prüfens behandelt werden. Hierzu zählen bspw. die Regeln der LS auf Wort-, Satz, Text- und Bildebene. Auch mögliche Bedürfnisse der Prüferinnen (wie genügend Zeit und Ruhe zum Überlegen zu haben) oder Gefühle (z. B. Skrupel, das eigene Unverständnis zuzugeben) und verschiedene Prüfmethoden werden behandelt. Die Ausrichtung auf die Prüferinnen als Empfängerinnen der Schulungen hat zur Folge, dass Moderationstechniken nicht vermittelt werden.

Dies spricht für die Erarbeitung eines eigenen Schulungskonzepts für Moderatorinnen. Ein solches Konzept könnte idealerweise zwei Module umfassen: eins, das auf Moderatorinnen zugeschnitten ist, und eins zum Prüfen an sich, das sich inklusiv sowohl an Moderatorinnen als auch an Prüferinnen richtet. Dies hätte den Vorteil, dass ein direkter Kontakt mit der Zielgruppe bestünde – eine hilfreiche Vorbereitung auf die Tätigkeit als Moderatorin. So wäre auch möglich, theoretische Inhalte durch praktische Übungen anzuwenden. Denkbar wären bspw. Rollenspiele.

Idealerweise würde hier auf bereits bestehende Prüferinnenschulungen zurückgegriffen werden, um so kombinierte Angebote zu schaffen. Die Erhebung im Rahmen dieser Untersuchung zeigt allerdings auch, dass die Befragten sehr unterschiedliche Methoden anwenden und auch das Setting von Gruppe zu Gruppe variiert. Viele geben darüber hinaus an, viele Aspekte erst im Laufe der Zeit optimiert zu haben. Aus diesem Grund wären gleichzeitig empirische Untersuchungen zur Verbesserung der bestehenden und vorgeschlagenen Angebote sinnvoll.

Da viele der Ergebnisse der Befragung zu relevanten Moderationstechniken allgemeingültig sind (siehe 5.2.2), macht es Sinn, bei der Entwicklung auf Techniken aus anderen Bereichen zurückzugreifen. Denkbar wären bspw. Trainingsangebote und Ausbildungen für Moderatorinnen oder Coachinnen; auch Aspekte der Heilpädagogik könnten genutzt werden. Im Folgenden sollen einige Grundsätze des Moderierens vorgestellt werden, die auch für Prüfmoderatorinnen gelten. Die Grundlage liefern dabei zum einen Empfehlungen des bereits in 3.1 zitierten Coaches Horst Conen. Dieser fasst „‚10 Grundregeln', die man zur Moderation beherrschen sollte" (1996, S. 199), zusammen. Zum anderen wird eine Verbindung zu den Ergebnissen der für diese Studie durchgeführten Befragung hergestellt. Die Reihenfolge wird dabei vom Prüfprozess bestimmt und weicht in Teilen von der Conens ab: Es wird mit den allgemeinen Anforderungen an die Moderatorinnen begonnen, um dann zu den konkreten Schritten während des Prüfprozesses überzugehen.

8.1 Grundhaltung der Moderatorin

Die wichtigsten Eigenschaften, die gemäß Conen zur „Grundhaltung" (ebd., S. 200) einer Moderatorin gehören sollen, sind Zurückhaltung, Ruhe und Toleranz. Konkret formuliert er:

> Strahlen Sie während der Gespräche und der Zusammenarbeit Ruhe und Ausgeglichenheit aus [...] Halten Sie sich zurück, wenn Sie selbst mit einem Wort einen Zusammenhang klären könnten, den aber die Gruppe selbst erarbeiten und herausfinden sollte. Seien Sie entspannt und geduldig [...] Erziehen Sie sich selbst [...] zu Toleranz, und drücken Sie Lob und Anerkennung aus. (ebd., S. 200)

Dies deckt sich mit den Angaben der Befragten, weshalb gesagt werden kann, dass die Bezeichnung ‚Moderation' angemessen ist, um die Funktionen während des Prüfverfahrens zu beschreiben. Im Detail führen insgesamt elf Befragte an, bei der Arbeit mit Menschen mit Lernschwierigkeiten sei besonders gefragt, Geduld mitzubringen, Ruhe auszustrahlen und sich Zeit zu nehmen. Acht Befragte geben ferner an, sich während des Prüfprozesses bewusst zurückzunehmen, um neutral und objektiv zu agieren (siehe 5.1.2 unter „Neutralität und Objektivität"). Auch die Bedeutung von Toleranz heben mehrere Befragte indirekt hervor. Bspw. unterstreicht die Befragte 7, eine Moderatorin müsse die „Wichtigkeit der Prüfer-Tätigkeit" (B. 7) anerkennen, und die Befragte 5 schreibt: „Menschenbild: gleichberechtigtes Miteinander, Behinderung nicht als Defizit ansehen." Dieselbe Befragte führt daneben aus: „Neutral sein ist wichtig im Prüfprozess. Oft kommen Prüfer aus unterschiedlichen Schichten und mit unterschiedlichen Biografien." Conen schließt den Punkt „Grundhaltung" mit einem Gedanken ab, der wiederum das Verständnis für und die Anerkennung der Bedeutung der Prüferinnen beschreibt: „Setzen Sie sich ernsthaft mit den Gedanken der Teilnehmer auseinander [...]" (1996, S. 200).

Mit der Grundhaltung Hand in Hand geht der Aspekt „Körperverhalten", womit Conen sowohl das Verhalten der Moderatorin selbst als auch die Sensibilität für die Körpersprache der Prüferinnen meint. So führt er aus, eine Moderatorin solle „die nonverbalen Signale der Körpersprache" berücksichtigen, also auf „Körperausdruck und Mimik in Ihrer Gruppe“ achten, um „rechtzeitig Stimmungswechsel“ (ebd.) erkennen und abfangen zu können. Wie an verschiedenen Stellen ausgeführt, fällt es vielen Prüferinnen nicht immer leicht, zuzugeben, dass sie etwas nicht verstehen. Dieser Punkt ist somit nicht nur zur Erkennung von Stimmungswechseln entscheidend. Dementsprechend ist Einfühlungsvermögen und Sensibilität die von den Befragten am häufigsten genannte Eigenschaft, die eine Moderatorin mitbringen sollte (siehe 5.1.2 „Einfühlungsvermögen“).

Die Körpersprache der Moderatorin wird von den Befragten zwar nicht erwähnt, kann aber dennoch auch auf die Prüfsituation angewandt werden. So empfiehlt Conen Grundlegendes, wie Blickkontakt zu halten, sich der jeweiligen Gesprächspartnerin zuzuwenden und „die persönliche Raumzone des einzelnen nicht zu überschreiten“ (ebd.). Diese Punkte sind nicht dogmatisch zu sehen, schließlich kann es bspw. Prüferinnen geben, die generell Blickkontakt vermeiden. Auch der Aspekt Körperkontakt kann für einige Menschen relevant sein, denen Berührungen unangenehm sind, während andere kein Problem mit körperlicher Nähe haben (vielleicht sogar weniger als die Moderatorin). Der Punkt Nähe und Distanz kann aber auch auf die Grundhaltung übertragen werden, wie Conens weitere Ausführungen deutlich machen: „Seien Sie Partner, doch haben Sie nicht zu engen Kontakt, und bleiben Sie als Moderator immer erkennbar“ (ebd.). Das Gelingen dieser Gratwanderung zwischen Partnerschaft und Distanz kann auch oder gerade im Umgang mit Menschen mit Lernschwierigkeiten ein wichtiger Aspekt sein, zeichnen sich einige doch durch ein recht vereinnahmendes Wesen aus, gerade, wenn das Vertrauensverhältnis zwischen Moderatorin und Prüferinnen mit der Zeit tiefer wird.

Der nächste Punkt betrifft das Gruppenverhalten: „Regeln Sie als ‚Spielleiter‘ das partnerschaftliche Verhalten bei Gruppengesprächen. Lassen Sie nicht zu, daß Mitglieder sich böswillig belehren, beleidigen, angreifen oder streiten“ (ebd.). Hierzu wäre noch anzumerken, dass bei Problemen im Verhalten zwischen den Prüferinnen am besten gemeinsam Gruppenregeln erarbeitet werden, um ein Schülerinnen-Lehrerin-Verhältnis zu vermeiden.

Nachdem zuvor grundlegende Verhaltensweisen und Eigenschaften beschrieben wurden, soll im Anschluss darauf eingegangen werden, wie sich die Moderatorin bezogen auf konkrete Handlungen während des Prüfablaufs verhalten sollte. Die Reihenfolge folgt dabei zeitlich dem Ablauf, von der Sitzordnung und der Begrüßung bis hin zur Textarbeit.

8.2 Vor der Textarbeit

Vorbereitend auf den eigentlichen Prüfprozess sollte die Moderatorin auf eine angemessene Sitzordnung achten: „1. Präparierung · Wählen Sie […] einen Punkt, von dem aus Sie alles sehen und von jedem gesehen werden können […] Beginnen Sie mit deutlichem Blickkontakt zur Gruppe, und beziehen Sie im Überblick jeden einzelnen mit ein" (ebd., S. 199). Bezogen auf das Prüfen ist zudem wichtig, dass sich auch die Prüferinnen untereinander sehen können. Ideal ist, wenn alle um einen Tisch herum sitzen, denn so können auch die Texte beschrieben oder markiert werden.

Der zweite Punkt betrifft die Begrüßung, sollte aber im Grunde das generelle Verhalten der Moderatorin beschreiben:

> 2. Begrüßung · […] Seien Sie höflich, freundlich, wenn es geht humorvoll, und schaffen Sie eine unverkrampfte Arbeitsatmosphäre. Verhalten Sie sich vorbildlich partnerschaftlich, und programmieren Sie damit die Stimmung und den Umgang in der Gruppe miteinander (ebd., S. 199).

Wie bereits angeführt, bedeutet das Prüfen für die Prüferinnen oft, einzugestehen, wenn sie etwas nicht (vollständig) verstehen. Das fällt niemandem leicht. Da ist es wichtig, dass die Moderatorin ihr möglichstes tut, damit sich die Prüferinnen wohlfühlen, entspannt sind und sich vertrauen.

8.3 Themenvorstellung

Auch der Punkt „Themenvorstellung" ist für den Prüfprozess relevant:

> 3. Themenvorstellung · Erläutern Sie das Thema bzw. die Themenliste einfach und verständlich. Klären Sie ein Thema solange ab, bis jeder

> Teilnehmer genau im Bilde ist […] Geben Sie klare Hinweise zur Zielsetzung […] (ebd.)

Die fertigen Texte in LS werden in der Regel nicht kontextlos rezipiert. Bei einem Text in einem Museum weiß die Besucherin bspw. vermutlich schon, um welche Ausstellung es sich handelt und wahrscheinlich hat sie sich vorher (mehr oder weniger intensiv) mit dem Thema beschäftigt. Auch bei einer Hausordnung erwartet die Leserin bestimmte Inhalte wie Regeln und Hinweise. In der Prüfsituation aber fehlt dieser Kontext. Deshalb ist es hilfreich, die Inhalte der Texte vor dem Prüfen zu besprechen. So kann Vorwissen aktiviert werden und ein Gefühl für die Bedeutung des Texts entstehen. Gleichzeitig sollte nicht zu viel Information vorweggenommen werden. Leicht wird das Verständnis sonst so sehr erleichtert, dass die Prüfsituation nicht mehr repräsentativ für die zukünftiger Empfängerinnen ist.

8.4 Text lesen

Der Punkt „Sprechzuweisung" betrifft die Aufgabe der Moderatorin, sicherzustellen, dass sich die Prüferinnen gegenseitig aussprechen lassen und gleichzeitig jede ihre Meinung vorbringen kann:

> Organisieren Sie das Gruppengespräch so, daß immer nur ein Teilnehmer spricht […] merken Sie sich die Reihenfolge der Wortmeldungen. Erteilen Sie den Gruppenmitgliedern mit einer zuweisenden Handgeste das Wort […] Sorgen Sie dafür, daß die Personen ohne Unterbrechung zu Ende sprechen können. Weisen Sie Zwischenrufer zurück auf ihren Platz in der Folge der Wortmeldungen. (ebd.)

Häufig lesen in Prüfgruppen die Prüferinnen der Reihe nach einen Abschnitt laut vor (vorausgesetzt, sie können selbst lesen). Hierbei ist es hilfreich, wenn die Moderatorin den Überblick behält, wer gerade an der Reihe ist – wobei auch einfach in die Runde gefragt werden kann. Unterbrechungen sind hier aber eher weniger zu erwarten. Sollte dies dennoch bei inhaltlichen Besprechungen ein Problem darstellen, ist es die Aufgabe der Moderatorin, einzugreifen. Gleichzeitig sollte sie allerdings bedenken, dass manche Lernschwierigkeit auch mit sich bringt, dass lange Wartezeiten nur schwer eingehalten werden können. Aus demselben Grund sollten die Gruppen nicht zu groß sein, damit gar nicht erst zu viele Wortmeldungen zusammentreffen können. Darüber hinaus wächst mit zunehmender Anzahl an Prüferinnen pro Sitzung die Wahrscheinlichkeit, dass sich diese gegenseitig ablenken (so argumentiert auch die Befragte 22 bei der Frage, was sie im Laufe der Zeit gelernt habe).

8.5 Fragen stellen und beantworten

Conens Punkt „Fragestellung“ messen auch die befragten Moderatorinnen große Bedeutung bei. Conen unterstreicht, die Moderatorin solle „eindeutig und klar formulierte Fragen“ (ebd.) stellen. Des Weiteren empfiehlt er, „Fragen grundsätzlich an die gesamte Gruppe“ (ebd.) zu stellen:

> Überlassen Sie es den Gruppenmitgliedern, zu den Fragen Stellung zu nehmen. Richten Sie Ihr Wort erst an einzelne, wenn diese signalisieren, daß sie antworten möchten. Fragen, die aus der Gruppe heraus an Sie gestellt werden, leiten Sie normalerweise immer als Frage an die Gruppe zurück. Fragen, die nur Sie beantworten können, sollten Sie direkt oder mit einem Verweis auf später angemessen beantworten [...]. (ebd.)

Zwei der hier genannten Aspekte sind auch in den Antworten der Befragten zu finden, einmal zustimmend und einmal genau widersprechend: Erstens sollte die Moderatorin Fragen nur dann selbst beantworten, wenn die Prüferinnen zu keiner eigenen Lösung gelangen. Dies entspricht der eingangs beschriebenen Grundhaltung und deckt sich mit den Aussagen von acht Befragten. Zweitens empfiehlt Conen, die Gruppenmitglieder nur dann direkt zu befragen, „wenn diese signalisieren, dass sie antworten möchten“ (ebd.). 82 Prozent der Befragten stellen aber gerade durch direktes Ansprechen sicher, dass alle Prüferinnen – und nicht nur die selbstbewusstesten oder redefreudigsten – einen Beitrag zum Prüfprozess leisten (siehe 5.2.2 „Gruppendynamische Prozesse“). Hier sollte die Moderatorin also abwägen zwischen dem Ziel, eine ausgewogene Beteiligung der Prüferinnen zu erreichen, und der Gefahr, selbst übermäßig in die Prüfdynamik einzugreifen. Ferner sollte sie viel Fingerspitzengefühl für eine mögliche Bloßstellung oder Bevormundung einzelner mitbringen.

8.6 Lösungen finden

Weiter äußert sich Conen zu Diskussionen zwischen Gruppenmitgliedern. Dies lässt sich insbesondere auf die Situation übertragen, in der sich verschiedene Meinungen zu einer Textstelle gegenüberstehen, weshalb hierzu auch einige Antworten zur Frage nach Strategien der Lösungsfindung bei Verständnisschwierigkeiten zitiert werden sollen (siehe 5.2.2 „Lösungsfindung"). Konkret schreibt Conen:

> Beachten Sie bei Gruppendiskussionen, daß keine Gewinner oder Verlierer daraus hervorgehen. Sprechen Sie immer jedem erst etwas Gutes oder Richtiges zu, bevor Sie auf Fehler oder Nachteile einer Aussage aufmerksam machen. Drücken Sie aus, daß jedes Gruppenmitglied gleichermaßen als Person respektiert und akzeptiert wird. (ebd., S. 201)

Viele Befragte beschreiben ihre Aufgabe als Moderatorin bei Diskussionen zwischen den Prüferinnen als sehr viel passiver als von Conen dargestellt. So machten vier der Befragten ausdrücklich nicht selbst auf die Vor- und Nachteile der verschiedenen Optionen aufmerksam, sondern ließen die Prüferinnen selbst abstimmen. Trotzdem kann es für eine gute Stimmung in der Gruppe hilfreich sein, zu unterstreichen, dass alle Meinungen ihre Berechtigung haben und Entscheidungen nicht persönlich bedingt sind. Ein positives Feedback und Lob ist zudem ganz allgemein zweckmäßig: So verbessert sich das Gruppengefühl und wird das Selbstwertgefühl der Prüferinnen gestärkt.

Wieder bezogen auf die Lösungsfindung bei mehreren Vorschlägen schreibt die Befragte 6, sie setze einen Vorschlag nur dann um, wenn er einstimmig beschlossen werde. Dies hat den Vorteil, dass niemand überstimmt werden kann. Andererseits besteht die Möglichkeit, dass sinnvolle Verbesserungen an der Meinung eines einzelnen scheitern. Die Befragte 22 lässt sich hingegen ausdrücklich vom eigenen Urteilsvermögen leiten: Sie schreibt, sie versuche abzuschätzen, „ob es eine allgemeine oder individuell spezielle Lesart sein könnte". Damit entspricht ihre Rolle eher der aktiven Position in der Gruppe, die Conen beschreibt.

Wichtig ist in jedem Fall, die verschiedenen Vorschläge zunächst zusammenzufassen, um sicherzustellen, dass alle Prüferinnen die Kritik am Text aufgenommen haben und nichts mehr hinzufügen möchten. Dies sollte nach Möglichkeit schriftlich geschehen, um auch die Lesbarkeit zu überprüfen. Auf diese Weise wird ferner unterstützt, dass allen klar ist, was genau zur Abstimmung steht. Auch Conen legt nahe: „Fassen Sie Teilnehmeräußerungen in der Regel kurz für die Gruppe zusammen, bevor Sie weiter moderieren." (ebd.)

8.7 Ergebnisse sichern

Der letzte Punkt Conens widmet sich der „Ergebnissicherung" und beginnt: „Achten Sie darauf, nicht vom Thema abzukommen bzw. die erste Planung zu erfüllen." (ebd.) Im Fall der Prüfung von Texten in LS ist dies besonders schwer zu gewährleisten und auch nicht immer angebracht: Manchmal haben Prüferinnen das Bedürfnis, eine persönliche Angelegenheit zu besprechen, weil diese für die Einzelne gerade sehr wichtig ist, oder ein Text beschwört Assoziationen herauf, die die Aufmerksamkeit der Prüferinnen (oder einen Teil von ihnen) beansprucht. In diesen Situationen werden sie sich ggf. nur schwer auf etwas anderes konzentrieren können. Dann kann es notwendig sein, sich zunächst diesen Themen zu widmen. Danach ist es allerdings die Aufgabe der Moderatorin, wieder zum Gegenstand der Prüfsitzung zurückzuführen.

9 Fazit

Hinsichtlich der gewählten Methodik muss gesagt werden, dass sich in einigen Fällen das generelle Problem der fehlenden Objektivität von Fragebögen (siehe Kapitel 4) gezeigt hat. So fiel im Zusammenhang auf, dass sich einige Antworten widersprachen[27]. Dies kann entweder unabsichtlich geschehen sein, oder aber die Fragen wurden anders interpretiert als intendiert. In diesen Fällen mussten die Ergebnisse so genommen werden, wie sie sind. Auf einzelne Widersprüche wurde in den entsprechenden Kapiteln hingewiesen.

Bei einigen Fragen hätten durch weitere Abstufungen noch weitere Erkenntnisse gewonnen werden können. So gab es für die Frage „Wie werden die Prüfergebnisse festgehalten?“ die Möglichkeit, entweder „von den Prüferinnen selbst, und zwar so:“ oder „von der Moderatorin selbst, und zwar so:“ anzuklicken und an der entsprechenden Stelle eine Erklärung einzufügen. Bei acht der 23 beantworteten Fragebögen wurde jedoch bei beiden Optionen etwas geschrieben, was darauf schließen lässt, dass die Befragten eigentlich gerne beides angeklickt hätten, dies aber am PC nicht möglich war.

An anderen Stellen wären weiterführende Fragen nötig gewesen, um verlässliche bzw. aufschlussreiche Ergebnisse zu erzielen. Bspw. wäre eine direkte Frage nach den Motiven für die jeweilige Prüfdauer erforderlich gewesen, um zweifelsfrei die festgestellten Unterschiede zu erklären.

Zwei der Befragten stellten dementsprechend die Methodik insgesamt infrage:

> Gerne die Methodologie des Vorhabens überdenken. Können die Forschungsfragen wirklich quantitativ beantwortet werden? Würde eine qualitative Methode nicht zu höherer Aussagekraft führen? (B. 16)

27 Wie oben schon unter 5.2.1. zitiert, führt die Befragte 13 bspw. an, grundsätzlich mehrere Prüfschleifen durchzuführen. Gleichzeitig schreibt sie aber, sie nehme eine weitere Prüfung nur dann vor, „[w]enn vom Auftraggeber verlangt“.

> Ich bin mir nicht sicher, ob diese Fragen tatsächlich zu den gewünschten Ergebnissen führen. (B. 20)

Hierzu sei gesagt, dass ein empirisches Vorgehen – sei es quantitativ oder qualitativ – in jedem Fall sinnvoll ist. Zudem wurde sich bei der Erstellung des Fragebogens mit den Vor- und Nachteilen offener oder geschlossener Fragestellungen auseinandergesetzt (siehe 4). Die als ausschlaggebend eingeschätzten Argumente für die gewählte Kombination haben auch nach Auswertung im Grundsatz Bestand, wobei der Fragebogen dann tatsächlich eher qualitativ als quantitativ ausgewertet wurde.

Nach diesen einschränkenden Worten sei gesagt, dass die Befragung überwiegend eine Einigkeit gezeigt hat hinsichtlich der Kenntnisse und Fähigkeiten, die eine gute Moderatorin mitbringen sollte (Geduld, Einfühlungsvermögen, Abwechslungsreichtum usw.). Dies lässt darauf schließen, dass diese Aspekte bereits heute in Schulungen gelehrt werden können. Wenn es jedoch um die konkrete Gestaltung der Settings (wie die Dauer der Prüfsitzung, die Anzahl der Prüferinnen pro Sitzung oder der Prüfschleifen) geht, zeigen sich Unterschiede. Auch die Moderations- und Prüftechniken variieren deutlich.

10 Ausblick

Die Forschung zur Textprüfung durch Menschen mit Lernschwierigkeiten steht noch ganz am Anfang. Diese Studie kann deshalb nur ein erster Anstoß sein, sich mit dem Thema Prüfgruppen zu beschäftigen. Im Folgenden sollen einige Punkte aufgezählt werden, bei denen diese Studie deutlich gemacht hat, dass hierzu weitere Forschung wünschenswert wäre.

So wäre zu klären, welche Motivation hinter den verschiedenen Fragetechniken steht und welche (Art) Fragen aus Sicht der Moderatorinnen welche Vor- und Nachteile haben. Zur Untersuchung der Frage nach Neutralität bzw. Objektivität gegenüber den geprüften Texten könnte die Fragestellung interessant sein, wie häufig die Moderatorinnen ihre eigenen Texte prüfen und wer diese in den Fällen, wo dies nicht so ist, verfasst hat. Zudem könnten etwaige Unterschiede in den Prüfergebnissen sowohl mittels (subjektiver) Befragung als auch durch eine (objektivere) Untersuchung von Textbeispielen erforscht werden. Dies konnte im Rahmen dieser Untersuchung nicht erschöpfend ermittelt werden.

Zu den Umständen der Prüfsitzungen wären mehr empirische Untersuchungen nötig, um zu überprüfen, mit welchem Ablauf die besten Ergebnisse erzielt werden, und so dem Ziel allgemeingültiger Qualitätskriterien näher zu kommen. Bis dahin könnte auch ein engerer Austausch zwischen Prüfmoderatorinnen zur Entwicklung von Qualitätsstandards beitragen. Die ermittelten Kriterien sollten bspw. durch Schulungen verbreitet werden. Hier könnten ggf. auch bestehende Angebote für Prüferinnen mit einem eigenen Modul für Moderatorinnen zu einem teilweise inklusiven Konzept kombiniert werden. Für das Moderatorinnenmodul könnten Techniken aus anderen Disziplinen wie dem Coaching oder der Heilpädagogik genutzt werden. In diesem Zusammenhang ist es auch wichtig zu bedenken, dass es evtl. sinnvoll sein kann, dass Schulungen individuell zusammengestellt werden können, um unterschiedliche Bedarfe aufgrund verschiedener Berufsprofile – z. B. eine (eher) sprachwissenschaftliche oder eine sozial ausgerichtete Ausbildung – oder Vorkenntnisse berücksichtigen zu können.

Dies könnte insbesondere aufgrund der wachsenden Akademisierung des Berufsstands der LS-Übersetzerin durch eine Zunahme an Forschung und universitären Angeboten empfehlenswert sein. Daneben wird die Übersetzung in LS als neues Berufsfeld auch unter interlingual tätigen Fachübersetzerinnen immer bekannter. Dies lässt vermuten, dass auch unter den Prüfmoderatorinnen der Anteil an Sprachwissenschaftlerinnen zunehmen wird gegenüber denjenigen, die über ihre Arbeit mit Menschen mit Lernschwierigkeiten zum Prüfen (und Übersetzen) gekommen sind, und daher meist einen sozialen Beruf erlernt haben. Diese Entwicklung wird möglicherweise auch zu einem veränderten Weiterbildungsbedarf führen. Um dies zweifelsfrei festzustellen, wäre aber eine erneute Befragung in einigen Jahren nötig.

Insgesamt ist festzustellen, dass der noch andauernde Entwicklungsprozess der LS an sich auch die Prüfung der Texte und die Rolle, die die Moderatorinnen dabei spielen, umfasst. Insofern ist eine weitere empirische Beschäftigung damit ein Beitrag zur Professionalisierung dieser Fachkräfte und zur Etablierung von LS – letztlich also zur inklusiven Gestaltung unserer Gesellschaft. Zu wünschen ist, dass sich Wissenschaft und Praxis in diesem Zusammenhang nicht als Konkurrenten begreifen, sondern als zwei Seiten derselben Medaille.

Die Praxis des Prüfens an sich gilt als wichtige Größe innerhalb der LS-Landschaft. Gründe dafür sind zum einen der Anspruch, das Partizipationsgebot auf diese Art umzusetzen. Zum anderen sind die LS-Regeln bislang nicht empirisch überprüft bzw. ist die Frage, ob Verständlichkeit überhaupt allein über Regeln zu erreichen ist. Zudem ist die große Mehrheit der Moderatorinnen auch als Übersetzerinnen tätig; für diese ist das Prüfen eine wertvolle Praxiserfahrung und eine Möglichkeit, die eigene übersetzerische Kompetenz zu steigern. Hinsichtlich der Qualität des Prüfprozesses scheint die Etablierung allgemeingültiger Kriterien erstrebenswert, damit nicht weiterhin ausschließlich aus eigenen Fehlern gelernt werden kann. Dabei muss aber auch klar sein, dass in der Praxis oft nur eine weitgehende Annäherung an den definierten Idealzustand erreicht werden kann.

Literaturverzeichnis

BAMBERGER, R.; VANECEK, E. (1984). *Lesen – Verstehen – Lernen – Schreiben. Die Schwierigkeitsstufen von Texten in deutscher Sprache.* Wien: Jugend und Volk.

BERGELT, D. (2018). Wie wird Leichte Sprache geprüft? *Teilhabe. Die Fachzeitschrift der Lebenshilfe* (56), S. 168–173.

BJÖRNSSON, C. H. (1978). *Lesbarkeit durch LIX.* Stockholm: Pedagogiskt Centrum.

BKB – Bundeskompetenzzentrum Barrierefreiheit, Interessenvertretung Selbstbestimmt Leben Deutschland e. V. – ISL & Mensch zuerst – Netzwerk People First Deutschland e. V. (2012). *Infos über die Schulungen von Prüferinnen und Prüfern für Leichte Sprache.* Abgerufen am 6. August 2018 von: https://www.isl-ev.de/attachments/article/855/Infos%20zum%20Curriculum_kurz_Druckfassung.pdf.

BLAIKIE, N. W. H. (1991). A critique of the use of triangulation in social research. *Quality & Quantity* (25), S. 115–136.

BOCK, B. (2017). Das Passiv- und Negationsverbot „Leichter Sprache" auf dem Prüfstand – empirische Ergebnisse aus Verstehenstest und Korpusuntersuchung. *Sprachreport, 1* (33), S. 20–28.

BOCK, B. M. (2014). „Leichte Sprache". Abgrenzung, Beschreibung und Problemstellungen aus linguistischer Sicht. In S. J. JEKAT, H. E. JÜNGST, K. SCHUBERT, C. VILLIGER, *Sprache barrierefrei gestalten. Perspektiven aus der Angewandten Linguistik* (S. 17–52). Berlin: Frank & Timme.

BOCK, B. M. (2015). Leichte Texte schreiben. Zur Wirksamkeit von Regellisten Leichter Sprache in verschiedenen Kommunikationsbereichen und im World Wide Web. *trans-kom* (1), S. 79–102.

BOCK, B. M.; FIX, U.; LANGE, D. (2017). Das Phänomen „Leichte Sprache" im Spiegel aktueller Forschung – Tendenzen, Fragestellungen und Herangehensweisen. In B. M. BOCK, U. FIX, D. LANGE, *„Leichte Sprache" im Spiegel theoretischer und angewandter Forschung* (S. 11–31). Berlin: Frank & Timme.

BOHMAN, U. (2017). Easy-to-Read in Sweden. In B. M. BOCK, U. FIX, D. LANGE, *„Leichte Sprache" im Spiegel theoretischer und angewandter Forschung* (S. 447–455). Berlin: Frank & Timme.

Bredel, U.; Maaß, C. (2016). *Leichte Sprache. Theoretische Grundlagen. Orientierung für die Praxis.* Berlin: Bibliographisches Institut.

Bundesregierung (25. März 2014). *Menschen mit Behinderung. Nicht ohne uns über uns.* Abgerufen am 14. Juni 2018 von: https://www.bundesregierung.de/Content/DE/Artikel/2014/03/2014-03-25-5-jahre-ratifizierung-un-konvention-inklusion.html.

Bundesverband der Dolmetscher und Übersetzer e. V. (BDÜ). *Berufs- und Ehrenordnung.* Abgerufen am 10. September 2018 von: https://bdue.de/der-bdue/statuten/berufs-und-ehrenordnung/.

CAB Caritas Augsburg Betriebsträger gGmbH (2018). *Fachkraft Leichte Sprache.* Abgerufen am 27. Juli 2018 von: https://www.cab-b.de/produkte/fach-zentrum-fuer-leichte-sprache/fachkraft-leichte-sprache/fachkraft-leichte-sprache.

CAB Caritas Augsburg Betriebsträger gGmbH (o. J.). *Ausbildung zum Spezialisten für Leichte Sprache: Übersetzer/Texter für Leichte Sprache.* Abgerufen am 2. August 2018 von: http://www.cbp.caritas.de/aspe_shared/form/download.asp?nr=18410&form_typ=event&ag_id=178.

CFS – Consulting, Franchise & Sales GmbH (Juli 2018). *Der capito Qualitäts-Standard für barrierefreie Information.* Abgerufen am 29. August 2018 von: http://www.capito.eu/de/Ueber_uns/capito_Qualitaets-Standard/.

Christmann, U. (2004). Verstehens- und Verständlichkeitsmessung: methodische Ansätze in der Anwendungsforschung. In K. D. Lerch, *Recht verstehen. Verständlichkeit, Missverständlichkeit und Unverständlichkeit von Recht (Die Sprache des Rechts. Studien der interdisziplinären Arbeitsgruppe Sprache des Rechts der Berlin-Brandenburgischen Akademie der Wissenschaft: Erster Band)* (S. 33–62). Berlin/New York: de Gruyter.

Conen, H. (1996). *Die Kunst, mit Menschen umzugehen.* Köln: DuMont.

Cronbach, L. J. (1949). *Essentials of psychological testing.* New York: Harper & Brothers.

DuBay, W. H. (2009). *Unlocking Language. The Classic Readability Studies.* Abgerufen am 14. Juni 2018 von: https://www.researchgate.net/publication/224347785_Unlocking_Language_The_Classic_Readability_Studies.

Eichmeyer, D. (2018). Nicht nur das „Produkt“ zählt. *MDÜ – Fachzeitschrift für Dolmetscher und Übersetzer* (3/18), S. 22–27.

FLESCH, R. (1948). A New Readability Yardstick. *Journal of Applied Psychology*, S. 221–223. Abgerufen am 14. Juni 2018 von http://psycnet.apa.org/record/1949-01274-001.

Forschungsprojekt „LeiSA" (o. J.). *LeiSA – Leichte Sprache im Arbeitsleben*. Abgerufen am 24. Juli 2018 von: http://research.uni-leipzig.de/leisa/de/.

FRÖHLICH, W. (2017). Von der „Leichten Sprache" zur zielgruppengerechten Information: Leicht Lesen in Österreich. In B. M. BOCK, U. FIX & D. LANGE, *„Leichte Sprache" im Spiegel theoretischer und angewandter Forschung* (S. 415–430). Berlin: Frank & Timme.

Graduiertenkolleg der Johannes Gutenberg-Universität Mainz (2018). *Graduiertenkolleg „Einfach komplex – Leichte Sprache"*. Abgerufen am 11. September 2018 von: https://leichtesprache.uni-mainz.de/.

GUILFORD, J. P. (1959). *Personality.* New York: McGraw Hill.

Gut Verstanden GmbH (2018). *„capito"-Lehrgang Leicht Lesen.* Abgerufen am 30. August 2018 von: http://www.gutverstanden.at/index.php?id=17.

HEIMLICH, U. (2009). *Lernschwierigkeiten. Sonderpädagogische Förderung im Förderschwerpunkt Lernen.* Bad Heilbrunn: Klinkhardt.

HELMLE, K.-S. (2017). *Leichte Sprache. Ein Überblick für Übersetzer.* Berlin: BDÜ Weiterbildungs- und Fachverlagsgesellschaft mbH.

HINDELANG, G. (1983). *Einführung in die Sprechakttheorie.* Tübingen: Niemeyer.

HOFMANN, S. (2012). *Vom funktionsorientierten Übersetzungsprozess zum GP-Modell für die Dienstleistung Übersetzen.* Jena: HARLAND media.

ILSMH (1998). *Sag es einfach! Europäische Richtlinien für die Erstellung von leicht lesbaren Informationen für Menschen mit geistiger Behinderung für Autoren, Herausgeber, Informationsdienste, Übersetzer und andere interessierte Personen.* Abgerufen am 11. September 2018 von: http://www. webforall. info/wp-content/uploads/2012/12/EUR ichtlinie_sag_es_einfach.pdf.

Inclusion Europe (2009). *Informationen für alle. Europäische Regeln, wie man Informationen leicht lesbar und leicht verständlich macht.* Abgerufen am 18. Juli 2018 von: http://easy-to-read.eu/wp-content/uploads/2014/12/DE_Information_for_all.pdf.

Inclusion Europe (2015). *Über uns.* Abgerufen am 5. April 2018 von: http://inclusion-europe.eu/?page_id=83&lang=de.

Inclusion Europe (2016). *Wie ist das europäische Logo für leichtes Lesen zu verwenden?* Abgerufen am 24. Juli 2018 von: http://easy-to-read.eu/de/europaisches-logo/.

Jakobson, R. (1959). On linguistic aspects of translation. *On translation* (3), S. 232–239.

Kaczmarzik, J. (2019). Prüfen von Leichte Sprache-Texten: Gewusst wie! Probleme bei der Textprüfung, Grundprinzipien im Prüfprozess und erste Lösungsvorschläge. *Teilhabe. Die Fachzeitschrift der Lebenshilfe* (58), S. 10–17.

Kellermann, G. (2014). Leichte und Einfache Sprache – Versuch einer Definition. *APuZ – Aus Politik und Zeitgeschichte* (9), S. 7–10.

Kirchhoff, S., Kuhnt, S., Lipp, P. & Schlawin, S. (2010). *Der Fragebogen. Datenbasis, Konstruktion und Auswertung.* Wiesbaden: Springer Fachmedien.

Klauß, T. (2008). „Geistige Behinderung" – vom Dilemma eines Begriffs. In G. Heß, G. Kagemann-Harnack & W. Schlummer, *Wir wollen – wir lernen – wir können!: Erwachsenenbildung, Inklusion, Empowerment* (S. 196–202). Marburg: Bundesvereinigung Lebenshilfe.

Lasch, A. (2017). Zum Verständnis morphosyntaktischer Merkmale in der funktionalen Varietät „Leichte Sprache". In B. M. Bock, U. Fix & D. Lange, *„Leichte Sprache" im Spiegel theoretischer und angewandter Forschung* (S. 275–300). Berlin: Frank & Timme.

Lebenshilfe für Menschen mit geistiger Behinderung Ortsvereinigung Bochum e. V. (2017). *Kurse für Übersetzer und Übersetzerinnen.* Abgerufen am 2. August 2018 von: https://www.lebenshilfe-bochum.de/de/leichte-sprache/buero-fuer-leichte-sprache-ruhrgebiet/Aktuelle-Angebote-1-Leichte-Sprache_Version.php.

Lebenshilfe Gesellschaft für Leichte Sprache e.G (2017). *Wir wollen Leichte Sprache besser machen.* Abgerufen am 18.Juli 2018 von: https://lg-ls.de/.

Lebenshilfe Landesverband Hessen e. V. (2017). *Qualifizierung in Leichter Sprache.* Abgerufen am 3. August 2018 von: https://www.lebenshilfe-hessen.de/de/seminare/bildungsprogramm/detailseite/qualifizierung-in-leichter-sprache-534.html?day=20180913&times=1536829200,1558706400.

Lively, B. A. & Pressey, S. L. (1923). *A Method for Measuring the „vocabulary burden" of Textbooks.* o. A.: o. A.

Maaß, C. (2015). *Leichte Sprache: Das Regelbuch.* Hildesheim: Lit Verlag.

Maaß, C. (2014). *Prüfsiegel Leichte Sprache.* Abgerufen am 11. September 2018 von: https://www.uni-hildesheim.de/leichtesprache/pruefsiegel/pruefsiegel-leichte-sprache/.

Maaß, C. (2019). *Seminare: Leichte Sprache für Übersetzer Modul 2: ausgebucht. Modul 3 am 13.09. buchbar für Absolventen von Modul 1.* Abgerufen am 15. April 2019 von: https://seminare.bdue.de/.

Maaß, C., Rink, I. & Zehrer, C. (2014). Leichte Sprache in der Sprach- und Übersetzungswissenschaft. In S. J. Jekat, H. E. Jüngst, K. Schubert & C. Villiger, *Sprache barrierefrei gestalten. Perspektiven aus der angewandten Linguistik* (S. 53–85). Berlin: Frank & Timme.

Mayring, P. (2001). Kombination und Integration qualitativer und quantitativer Analyse. *FQS, 2* (6). Abgerufen am 25. Mai 2018 von: http://www.qualitative-research.net/index.php/fqs/article/view/967/2110.

Mayring, P. (2003). *Qualitative Inhaltsanalyse* (8. Ausg.). Weinheim und Basel: Beltz Verlag.

Mensch zuerst – Netzwerk People First Deutschland e. V. (2018). *Kampf gegen Begriff „geistig behindert“.* Abgerufen am 29. –März 2018 von: http://www.menschzuerst.de/pages/startseite/was-tun-wir/kampf-gegen-den-begriff-geistig-behindert.php.

Mensch zuerst – Netzwerk People First Deutschland e. V. (2018). *Verein.* Abgerufen am 5. April 2018 von: http://www.menschzuerst.de/pages/startseite/wer-sind-wir/verein.php.

Moschner, B. & Anschütz, A. (2010). Kombination und Integration von qualitativen und quantitativen Forschungsmethoden in einem interdisziplinären Forschungsprojekt. In I. Diethelm, C. Dörge, C. Hildebrandt & C. Schulte (Hrsg.), *Didaktik der Informatik – Möglichkeiten empirischer Forschungsmethoden und Perspektiven der Fachdidaktik,* (S. 11–20). Oldenburg: Gesellschaft für Informatik (GI).

Mothes, C. (2014). *Objektivität als professionelles Abgrenzungskriterium im Journalismus.* Baden-Baden: Nomos.

Netzwerk Leichte Sprache (2018). *Das ist Leichte Sprache.* Abgerufen am 6. April 2018 von: https://www.leichte-sprache.org/das-ist-leichte-sprache/.

Netzwerk Leichte Sprache (2013). *Die Regeln für Leichte Sprache.* Abgerufen am 13. Juni 2018 von: http://www.leichte-sprache.de/dokumente/upload/21dba_regeln_fuer_leichte_sprache.pdf.

Netzwerk Leichte Sprache (2014). *Leichte Sprache. Ein Ratgeber.* Bonn: Bundesministerium für Arbeit und Soziales.

Netzwerk Leichte Sprache (2018). *Wer sind wir?* Abgerufen am 6. April 2018 von: https://www.leichte-sprache.org/der-verein/wer-sind-wir/.

Netzwerk Leichte Sprache (2017). *Wir sind Prüfer und Prüferinnen für Leichte Sprache.* Abgerufen am 11. September 2018 von: https://www.leichte-sprache.org/wp-content/uploads/2018/01/Netzwerk-Leichte-Sprache_Info-Heft-Prufer_2017.pdf.

Norm DIN EN ISO 9000 (2015). *Qualitätsmanagementsysteme – Grundlagen und Begriffe.* Berlin: Beuth.

Patrzek, A. (2017). *Systemische Fragen. Professionelle Fragetechnik für Führungskräfte, Berater und Coaches.* Wiesbaden: Springer Fachmedien.

People First (2018a). *Welcome to PeopleFirst.org.* Abgerufen am 5. April 2018 von: https://www.peoplefirst.org/.

People First (2018b). *People First: „a voice for people with learning difficulties".* Abgerufen am 5. April 2018 von: http://peoplefirstltd.com/wp-content/uploads/2011/06/ER-Training-InfoJun12.doc.

Plena Inclusión Madrid (2018). *Validación de textos en lectura fácil.* Abgerufen am 19. März 2019 von: https://plenainclusionmadrid.org/wp-content/uploads/2018/10/AAFinal_Manual_validaci%C3%B3n_textos_lectura_facil.pdf.

Pöllabauer, S. (2005). *„I don't understand your English, Miss": Dolmetschen bei Asylanhörungen.* Tübingen: Gunter Narr Verlag.

Porst, R. (2014). *Fragebogen. Ein Arbeitsbuch.* Wiesbaden: Springer Fachmedien.

Rickheit, G. & Strohner, H. (1993). *Grundlagen der kognitiven Sprachverarbeitung.* Tübingen: A. Francke Verlag Tübingen und Basel.

Rink, I. (2014). Gehörlose als Zielgruppe von Texten in Leichter Sprache. In C. Maaß, I. Rink & C. Zehrer, *Forschungsstelle Leichte Sprache: Forschungsfelder im Überblick* (S. 11–12). Hildesheim. Abgerufen am 18. Juli 2018 von: https://www.uni-hildesheim.de/media/fb3/uebersetzungswissenschaft/Leichte_Sprache_Seite/Publikationen/Forschung_gesamt.pdf.

San Martín, R. (2014). Contra la objetividad. El mito de la neutralidad periodística y las alternativas para repensarlo. *Perspectivas de la Comunicación* (1), S. 73–80.

Stiftung Universität Hildesheim (2018). *Forschung.* Abgerufen am 26. Juli 2018 von: https://www.uni-hildesheim.de/leichtesprache/forschung/.

Toury, G. (1986). Translation: A cultural-semiotic perspective. *Encyclopedic dictionary of semiotics 2* (S. 1111–1124). Berlin: Mouton de Gruyter.

Vogel, M. & Washburne, C. (1928). An Objective Method of Determining Grade Placement of Children's Reading Material. *Elementary School Journal*, S. 373–381. Abgerufen am 14. Juni 2018 von: https://www.journals.uchicago.edu/doi/abs/10.1086/456072.

von Schlippe, A. & Schweitzer, J. (2005). *Lehrbuch der systemischen Therapie und Beratung*. Göttingen: Vandenhoeck & Ruprecht.

Anhang: Fragebogen

Fragebogen an die Moderatorin von Prüfgruppen
(Die weibliche Form ist inkludierend zu verstehen.)

Bitte nur zutreffende Fragen beantworten.

Datum:

Prüfprozess

1 Wie sieht der übliche Prüfprozess aus? Welche Schritte nehmen Sie vor?
Bitte beschreiben Sie 1., 2., 3. usw.

2 Wie lange prüfen Sie am Stück?

☐ Minuten

3 Arbeiten die Prüferinnen mündlich, schriftlich oder beides?
❑ mündlich
❑ schriftlich
❑ meistens mündlich
❑ meistens schriftlich
❑ beides ungefähr gleich viel

4 Lesen die Prüferinnen die Texte still? Oder werden die Texte (auch) laut vorgelesen?
❑ still
❑ laut
❑ meistens still
❑ meistens laut
❑ Beides ungefähr gleich viel

5 Wenn die Texte (auch) laut gelesen werden: Wer liest die Texte vor?
- ❑ Prüferinnen
- ❑ Moderatorin
- ❑ meistens die Prüferinnen
- ❑ meistens die Moderatorin
- ❑ beide ungefähr gleich

6 Arbeiten die Prüferinnen alleine, in der Prüfgruppe, zu zweit mit der Moderatorin oder ist das unterschiedlich?
- ❑ alleine
- ❑ in der Prüfgruppe
- ❑ zu zweit mit der Moderatorin
- ❑ unterschiedlich

7 Wenn Sie mit nur einer Prüferin prüfen: Wie viele Durchgänge machen Sie mit derselben Textversion? (Falls unzutreffend, lassen Sie diese Frage frei)
- ❑ 1
- ❑ 2
- ❑ mehr als 2

8 Bei Prüfgruppen: Wie erreichen Sie, dass jede Prüferin ihre Meinung sagt?

9 Welche Fragen stellen Sie zum Text?

10 Wie stellen Sie fest, wo der Text überarbeitet werden muss?

11 Wie identifizieren Sie Verständnisschwierigkeiten im Text?

12 Wie erarbeiten Sie Lösungen für Verständnisschwierigkeiten im Text?

13 Wie werden die Prüfergebnisse festgehalten?

❑ von den Prüferinnen selbst, und zwar so:

❑ von der Moderatorin, und zwar so:

14 Prüfen Sie korrigierte Versionen noch einmal?

❑ ja

❑ teilweise ja

❑ nein

15 Wenn Sie korrigierte Versionen (teilweise) mehrmals prüfen: Aus welchen Gründen prüfen Sie mehrmals? (Falls unzutreffend, lassen Sie diese Frage frei)

16 Warum prüfen Sie so, wie Sie prüfen?

17 Haben Sie im Laufe der Zeit dazugelernt? Haben Sie Dinge verändert/optimiert?

❑ ja, und zwar:

❑ nein

Profil der Moderatorin

18 Welche Ausbildung(-en) oder (Fach-)Hochschulabschluss/-üsse haben Sie absolviert?

19 Übersetzen Sie auch Texte in Leichte Sprache?

❑ ja

❑ nein

20 Welche Kenntnisse und Fähigkeiten benötigt eine Moderatorin?

21 Welche Rolle spielen Neutralität und Objektivität der Moderatorin für den Prüfprozess?

22 Wie gewährleisten Sie diese Objektivität/Neutralität?

23 Haben Sie vor der ersten Prüfsitzung eine Einweisung, Schulung, Weiterbildung oder Informationen in anderer Form erhalten?

❑ ja, und zwar:

❑ nein

24 Wenn nein, hätten Sie sich irgendeine Form der Vorbereitung gewünscht?

❑ ja, und zwar:

❑ nein

25 Denken Sie, dass Moderatorinnen generell eine Schulung/Weiterbildung/Einweisung erhalten sollten?

❑ ja, und zwar:

❑ nein

26 Hat Sie etwas anderes auf das Moderieren von Prüfsitzungen vorbereitet (Ausbildung, Erfahrung …)?

❑ ja, und zwar:

❑ nein

27 Ziehen Sie einen persönlichen Nutzen aus dem Moderieren der Prüfsitzungen?

❑ ja, und zwar:

❑ nein

28 Möchten Sie noch etwas anmerken/kritisieren/kommentieren?

Vielen Dank für Ihre Teilnahme!

KOMMUNIKATION – PARTIZIPATION – INKLUSION

Bd. 1 Bettina M. Bock/Ulla Fix/Daisy Lange (Hg.): „Leichte Sprache" im Spiegel theoretischer und angewandter Forschung. 516 Seiten.ISBN 978-3-7329-0282-8

Bd. 2 Nathalie Mälzer (Hg.): Barrierefreie Kommunikation – Perspektiven aus Theorie und Praxis. 324 Seiten. ISBN 978-3-7329-0231-6

Bd. 3 Christiane Maaß/Isabel Rink (Hg.): Handbuch Barrierefreie Kommunikation. 800 Seiten. ISBN 978-3-7329-0407-5

Bd. 4 Simone Girard-Groeber: Participation by hard-of-hearing students in integration classrooms: Facets of interactional competence. 520 Seiten. ISBN 978-3-7329-0433-4

Bd. 5 Bettina M. Bock: „Leichte Sprache" – Kein Regelwerk. Sprachwissenschaftliche Ergebnisse und Praxisempfehlungen aus dem LeiSA-Projekt. 100 Seiten. ISBN 978-3-7329-0534-8

Bd. 6 Anne Goldbach/Daniel Bergelt: Leichte Sprache bei der Arbeit. Sozialwissenschaftliche Ergebnisse und Praxisempfehlungen aus dem LeiSA-Projekt. 44 Seiten. ISBN 978-3-7329-0585-0

Bd. 7 Kerstin Alexander (Hg.): Mit Typografie und Bild barrierefrei kommunizieren. Forschungsstand und Studien. 382 Seiten. ISBN 978-3-7329-0584-3

Bd. 8 Inga Schiffler: Das Prüfen auf dem Prüfstand. Die Rolle der Moderatorinnen beim Prüfen von Texten in Leichter Sprache. 116 Seiten. ISBN 978-3-7329-0888-2

Frank & Timme